www.dong... m

새로운 ... 한 자료 동양북스 홈페이지에서 만나보세요!

홈페이지 활용하여 외국어 실력 두 배 늘리기!

홈페이지 이렇게 활용해보세요!

1 도서 자료실에서 학습자료 및 MP3 무료 다운로드!

❶ 도서 자료실 클릭
❷ 검색어 입력
❸ MP3, 정답과 해설, 부가자료 등 첨부파일 다운로드

* 원하는 자료가 없는 경우 '요청하기' 클릭!

2 동영상 강의를 어디서나 쉽게! 외국어부터 바둑까지!

500만 독자가 선택한

가장 쉬운
독학 일본어 첫걸음
14,000원

가장 쉬운
독학 중국어 첫걸음
14,000원

가장 쉬운
독학 베트남어 첫걸음
15,000원

가장 쉬운
독학 스페인어 첫걸음
15,000원

가장 쉬운
독학 프랑스어 첫걸음
16,500원

가장 쉬운
독학 태국어 첫걸음
16,500원

가장 쉬운
프랑스어 첫걸음의 모든 것
17,000원

가장 쉬운
독일어 첫걸음의 모든 것
18,000원

가장 쉬운
스페인어 첫걸음의 모든 것
14,500원

첫걸음 베스트 1위!

동양북스
www.dongyangbooks.com
m.dongyangbooks.com

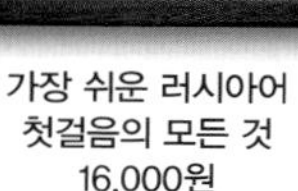

가장 쉬운 러시아어
첫걸음의 모든 것
16,000원

가장 쉬운 이탈리아어
첫걸음의 모든 것
17,500원

가장 쉬운 포르투갈어
첫걸음의 모든 것
18,000원

버전업! 가장 쉬운
베트남어 첫걸음
16,000원

가장 쉬운 터키어
첫걸음의 모든 것
16,500원

버전업! 가장 쉬운
아랍어 첫걸음
18,500원

가장 쉬운 인도네시아어
첫걸음의 모든 것
18,500원

버전업! 가장 쉬운
태국어 첫걸음
16,800원

가장 쉬운 영어
첫걸음의 모든 것
16,500원

버전업! 굿모닝
독학 일본어 첫걸음
14,500원

가장 쉬운 중국어
첫걸음의 모든 것
14,500원

오늘부터는 팟캐스트로 공부하자!

팟캐스트 무료 음성 강의

1

iOS 사용자

Podcast 앱에서
'동양북스' 검색

2

안드로이드 사용자

플레이스토어에서 '팟빵' 등
팟캐스트 앱 다운로드,
다운받은 앱에서
'동양북스' 검색

3

PC에서

팟빵(www.podbbang.com)에서
'동양북스' 검색
애플 iTunes 프로그램에서
'동양북스' 검색

⊙ **현재 서비스 중인 강의 목록** (팟캐스트 강의는 수시로 업데이트 됩니다.)

- 가장 쉬운 독학 일본어 첫걸음
- 가장 쉬운 독학 중국어 첫걸음
- 가장 쉬운 독학 베트남어 첫걸음
- 페이의 적재적소 중국어
- 중국어 한글로 시작해

매일 매일 업데이트 되는 동양북스 SNS! 동양북스의 새로운 소식과 다양한 정보를 만나보세요.

blog.naver.com/dymg98 instagram.com/dybooks facebook.com/dybooks twitter.com/dy_book

가장 쉬운 독학
일본어 현지회화

지은이 이주현

동양북스

가장 쉬운 독학 일본어 현지회화

초판 5쇄 | 2020년 1월 20일

지은이 | 이주현
발행인 | 김태웅
편집장 | 강석기
기획 편집 | 길혜진, 이선민
디자인 | 정혜미, 남은혜
마케팅 | 나재승
제 작 | 현대순

발행처 | (주)동양북스
등 록 | 제 2014-000055호
주 소 | 서울시 마포구 동교로22길 14 (04030)
구입 문의 | 전화 (02)337-1737 팩스 (02)334-6624
내용 문의 | 전화 (02)337-1762 dybooks2@gmail.com

ISBN 979-11-5703-205-1 03730

이 도서의 국립중앙도서관 출판예정도서목록(CIP)은 서지정보유통지원시스템 홈페이지(http://seoji.nl.go.kr)와 국가자료공동목록시스템(http://www.nl.go.kr/kolisnet)에서 이용하실 수 있습니다.(CIP제어번호: CIP2016023065)

▶ 본 책은 저작권법에 의해 보호를 받는 저작물이므로 무단 전재와 복제를 금합니다.
▶ 잘못된 책은 구입처에서 교환해드립니다.
▶ 도서출판 동양북스에서는 소중한 원고, 새로운 기획을 기다리고 있습니다.
http://www.dongyangbooks.com

지금으로부터 15년 전! 짜릿한 대학 생활의 자유를 만끽했던 풋풋한 여학생이었던 제가 어학연수를 위해 도쿄행 비행기에 올랐던 때를 떠올려 봅니다. 설렘 반, 걱정 반으로 시작했던 일본 생활! 단연코 일본어 초짜는 아니라고 자부했건만…. 저의 초기 일본 생활은 기대와는 달리 언어의 장벽으로 인한 어려움의 연속이었습니다. 그리고 곧, 한국에서 무작정 외웠던 일본어들이 얼마나 무용지물이었는가를 뼈저리게 느끼게 되었습니다. 제아무리 많은 단어를 외우고 문법을 열심히 훑었다 한들, 현지 생활에 필요한 핵심문형 위주로 공부하지 않았던 탓이었던 거죠.

그로부터 15년이 지난 후. 본인의 뼈아픈 기억을 거울 삼아 현지 생활에서 꼭 필요한 핵심문형이 고스란히 담겨 있는 회화책을 출간할 수 있게 되었습니다. 이 책은 주인공 '유나'가 일본으로 어학연수를 위해 비행기에 오르는 이야기부터 시작해 각 상황별로 겪는 에피소드를 토대로 만들어졌습니다.

먼저 실생활에 꼭 필요한 핵심문형을 익히고, 그것을 토대로 바꿔 말하기 연습을 거쳐서 핵심문형이 그대로 녹아 있는 실전회화를 공부하는 패턴으로 구성되어 있습니다. 그리고 반말과 존댓말, 격식어와 비격식어, 남성어와 여성어의 미세한 표현의 변화를 수록해 다양한 상황에 대비할 수 있도록 했습니다.

앞에서도 언급했던 것처럼 본 교재는 상황별로 나누어져 있기 때문에 굳이 차례대로 학습할 필요는 없습니다. 따라서 본인에게 필요하거나 흥미 있는 부분부터 차례에서 찾아 먼저 공부해 나가도 무방합니다. 하지만 아무리 핵심문형을 달달 외워도, 귀가 먼저 트이지 않으면 입으로 말은 절대 나오지 않는 법! 부록으로 수록된 현지인의 녹음 내용을 마치 좋아하는 음악을 듣고 따라 부르듯이 몇 번이고 듣고 따라 하면서 완전히 자신의 것으로 만들어 보시길 바랍니다. 어느샌가 귀는 뻥! 말은 술술! 여러분의 꿈이 현실로 이루어질 것입니다.

아무쪼록 본 교재가 일본 현지 생활을 앞두거나 현지 생활을 꿈꾸는 모든 분들께 도움이 되는 '든든한 어학서'가 되길 바라며, 이 책의 출간을 위해 수고해 주신 모든 분들께 감사드립니다.

저자 이주현

차례

권말부록

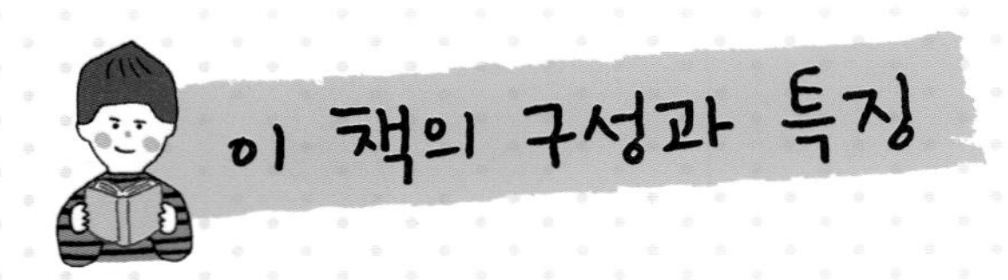

들어가기

각 과의 본문에서 배울 내용들이 삽화와 함께 소개되어 있습니다. 상황에 맞는 중요 회화 표현을 말풍선을 이용해 미리 제시해 놓았으니, 본문에 들어가기 전에 재미있게 문장을 익혀 보세요.

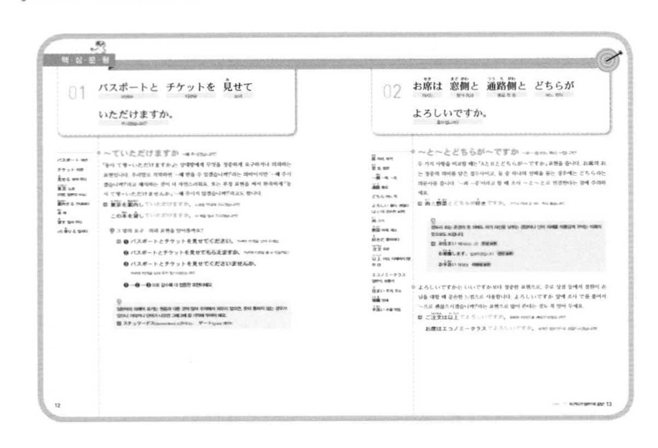
핵심문형
01 パスポートと チケットを 見せて いただけますか。
02 お席は 窓側と 通路側と どちらが よろしいですか。

핵심문형

각 과의 회화문을 공부하기 전에 꼭 알고 넘어가야 할 문법과 문형을 학습하는 코너입니다. 자세한 설명과 다양한 예문을 통해 자연스럽게 문법과 문형을 익힐 수 있습니다. 또한 자연스러운 일본어 회화를 위한 Tip도 제시해 놓았으니 절대 놓치지 마세요.
핵심문형과 비슷한 의미와 형태를 가진 다른 표현, 핵심문형과 관련된 문법적인 표현들을 쉽게 찾아볼 수 있도록 정리하였습니다.

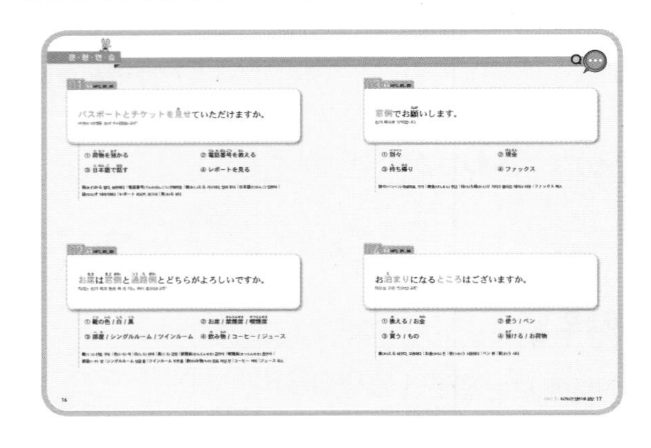
문형연습
パスポートとチケットを見せていただけますか。
窓側でお願いします。
お席は窓側と通路側とどちらがよろしいですか。
お泊まりになるところはございますか。

문형연습

핵심문형에서 학습한 내용을 바탕으로 말하기 연습을 해 보는 코너입니다. 핵심문형을 응용한 다양한 문장들을 직접 말해 보며 핵심문형을 제대로 이해했는지 확인합니다.
문형연습의 정답과 해석은 동양북스 홈페이지(www.dongyangbooks.com)에서 확인할 수 있습니다.

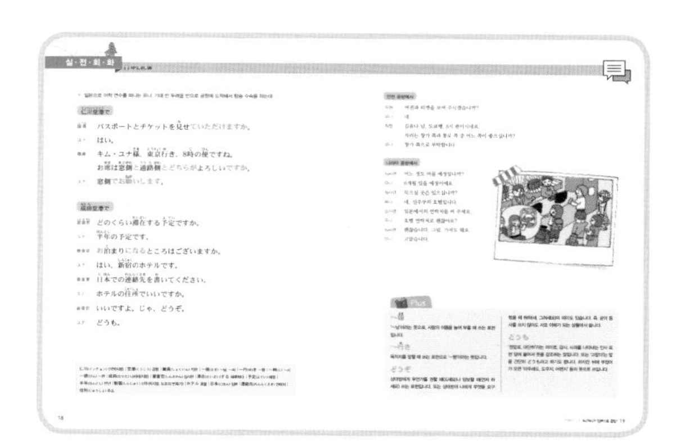

실·전·회·화

キム・ユナ様、東京行き、8時の便ですね。

パスポートとチケットを見せていただけますか。

はい。

お席は窓側と通路側とどちらがよろしいですか。

窓側でお願いします。

どのくらい滞在する予定ですか。

半年の予定です。

お泊まりになるところはございますか。

はい、新宿のホテルです。

日本での連絡先を書いてください。

ホテルの住所でいいですか。

いいですよ。じゃ、どうぞ。

どうも。

● 실전회화

주인공인 유나가 일본에서 겪는 여러 가지 상황을 통해 현지에서 바로 통하는 상황별 회화를 익힐 수 있습니다. 회화문을 통해 핵심문형의 실제적인 쓰임을 익히고, Plus 코너를 통해 우리말과 다른 일본어 표현을 알아봅니다.

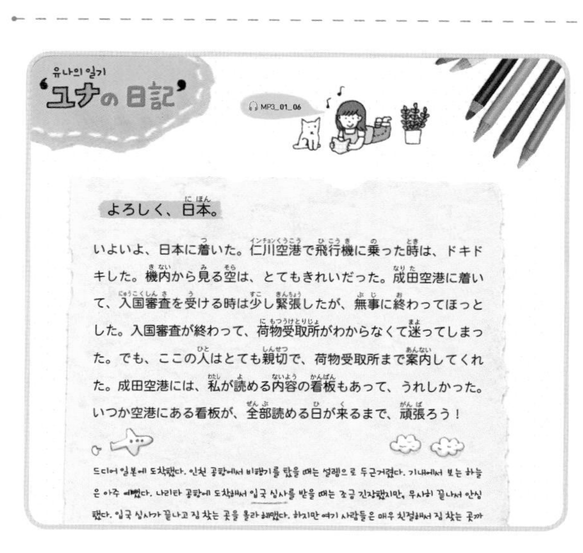

유나의 일기

ユナの日記

MP3_01_06

よろしく、日本。

いよいよ、日本に着いた。仁川空港で飛行機に乗った時は、ドキドキした。機内から見る空は、とてもきれいだった。成田空港に着いて、入国審査を受ける時は少し緊張したが、無事に終わってほっとした。入国審査が終わって、荷物受取所がわからなくて迷ってしまった。でも、ここの人はとても親切で、荷物受取所まで案内してくれた。成田空港には、私が読める内容の看板もあって、うれしかった。いつか空港にある看板が、全部読める日が来るまで、頑張ろう！

드디어 일본에 도착했다. 인천 공항에서 비행기를 탔을 때는 설렘으로 두근거렸다. 기내에서 보는 하늘은 아주 예뻤다. 나리타 공항에 도착해서 입국 심사를 받을 때는 조금 긴장했지만, 무사히 끝나서 안심했다. 입국 심사가 끝나고 짐 찾는 곳을 몰라 헤맸다. 하지만 여기 사람들은 매우 친절해서 짐 찾는 곳까

● 유나의 일기

실전회화에서 구어체 표현을 익혔다면 유나의 일기 코너에서는 문어체 표현을 학습합니다. 일본어 회화를 학습할 때에 자칫 소홀해지기 쉬운 독해와 작문에 대한 감각도 기를 수 있습니다.

Nekokenの ちょこっと 東京サンポ

霞が関 かすみがせき 가스미가세키

정치 행정의 중심지

화려한 쇼핑의 중심지 긴자銀座에서 일본 최초의 서양식 공원인 히비야 공원日比谷公園을 지나면 가스미가세키가 나옵니다. 일본의 관공서가 모여 있는 정치 행정의 중심지로 일본 최고의 엘리트 공무원들이 일하는 곳이에요. 일본 드라마는 물론 뉴스에도 단골로 등장하는 지역이며, 무료로 볼 수 있는 전시관도 곳곳에 있어서 산책 삼아 구경하기 좋아요.

▲ 국회의사당

● Nekokenの ちょこっと 東京サンポ

네이버 블로그 '네코캔의 일본 생활기'(http://piri07.blog.me)의 운영자인 Nekoken의 도쿄 산책기를 담았습니다. 다른 여행 책자에서는 볼 수 없었던 숨어 있는 볼거리와 맛집들을 여러분께 소개해 드립니다.

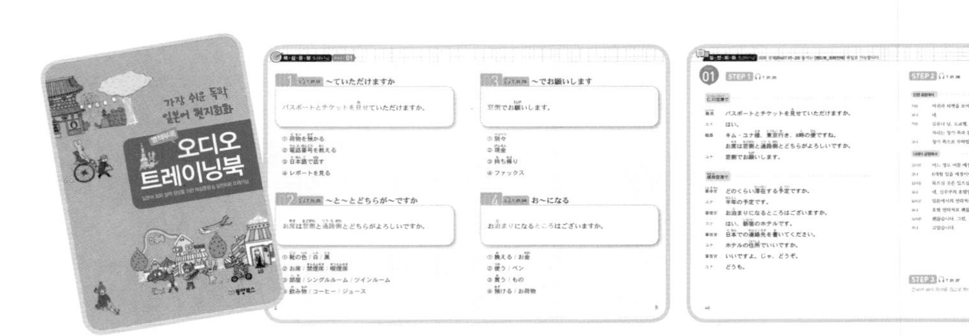

● 오디오 트레이닝북

실전 말하기 실력 향상을 위한 오디오 트레이닝북은 두 부분으로 구성됩니다. 본책의 '문형연습'을 응용한 말하기 연습을 통해 실제적인 회화를 위한 뼈대를 완성하고, '실전회화'를 응용한 연습을 통해 회화 감각을 기를 수 있습니다.

● 보너스 어휘노트

어휘 실력 향상을 위한 보너스 어휘노트는 두 부분으로 구성됩니다. 일본 현지에서 활용도가 높은 단어와 다양한 회화 표현들을 재미있는 삽화를 통해 익히고, 본책에 나왔던 단어들을 다시 한번 보면서 단어를 정리해 볼 수 있습니다.

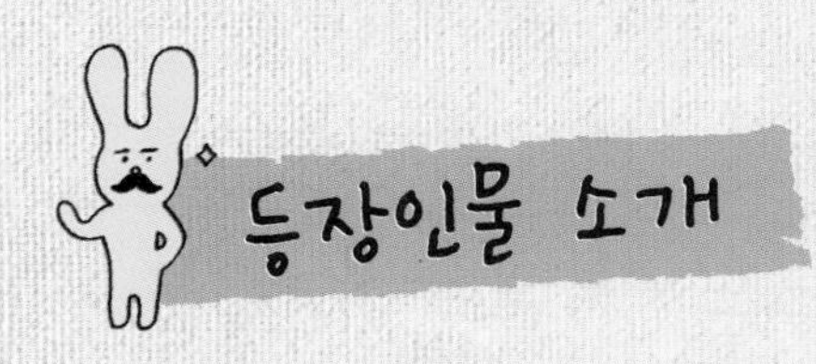

キム・ユナ 김유나(24세)

한국에서 같은 학교 어학당에 다니던 일본인 '유카'를 알게 되면서 일본이라는 나라에 관심을 가지게 된다. 대학 졸업 후, 무작정 일본으로 6개월 단기 어학 연수를 떠나기로 결심한 당찬 여학생.

中村美香(なかむらみか) 나카무라 미카(25세)

한국에서 유학한 경험이 있는 일본 여학생. 한국에 있을 때 유나에게 여러모로 많은 도움을 받아 유나가 일본 생활에 어려움을 겪을 때마다 곁에서 늘 도움을 주는 친구.

杉本良(すぎもとりょう) 스기모토 료(24세)

유나가 홈스테이를 하게 되는 집의 아들. 잘생긴 외모에 매너까지 갖춘 매력남. 당차고 밝은 성격의 유나에게 호감을 가지고 있다.

杉本幸子(すぎもとさちこ) 스기모토 사치코(50세)

유나가 홈스테이를 하게 되는 집의 주인으로, 상냥하고 인자한 성품의 중년 여성.

● 실전회화에서는 杉本로 표기.

12
13
14
CHECK-IN
JAL
お席は窓側と通路側と
どちらがよろしいですか。
窓側で
お願いします。
B,C
PARIS
03:00 입국

PART 01

두근두근! 일본으로 출발!

- ~ていただけますか

  ~해 주시겠습니까?

- ~と~とどちらが~ですか

  ~과 ~중 어느 쪽이 ~입니까?

- ~でお願(ねが)いします

  ~으로 부탁합니다

- お~になる

  ~하시다

© Sean K / Shutterstock.com

핵·심·문·형

01 パスポートと チケットを 見(み)せて いただけますか。

여권과 티켓을 보여 주시겠습니까?

～ていただけますか ～해 주시겠습니까?

「동사 て형＋いただけますか」는 상대방에게 무엇을 정중하게 요구하거나 의뢰하는 표현입니다. 우리말로 직역하면 '～해 받을 수 있겠습니까?'라는 의미이지만 '～해 주시겠습니까?'라고 해석하는 것이 더 자연스러워요. 또는 부정 표현을 써서 완곡하게 「동사 て형＋いただけませんか」'～해 주시지 않겠습니까?'라고도 합니다.

예 東京(とうきょう)を案内(あんない)していただけますか。 도쿄를 안내해 주시겠습니까?

この本(ほん)を貸(か)していただけますか。 이 책을 빌려 주시겠습니까?

パスポート 여권
チケット 티켓
見(み)せる 보여 주다
東京(とうきょう) 도쿄 (지명, 일본의 수도)
案内(あんない)する 안내하다
本(ほん) 책
貸(か)す 빌려 주다
cf) 借(か)りる 빌리다

그 밖의 요구 · 의뢰 표현을 알아볼까요?

예 ❶ パスポートとチケットを見せてください。 여권과 티켓을 보여 주세요.

❷ パスポートとチケットを見せてもらえますか。 여권과 티켓을 볼 수 있을까요?

❸ パスポートとチケットを見せてくださいませんか。

여권과 티켓을 보여 주지 않으시겠습니까?

❶→❷→❸으로 갈수록 더 정중한 표현이에요.

일본어의 외래어 표기는 원음과 다른 것이 많아 주의해서 외우지 않으면, 뜻이 통하지 않는 경우가 있으니 가타카나 단어가 나오면 그때그때 잘 기억해 두어야 해요.

예 スチュワーデス(stewardess) 스튜어디스　ゲート(gate) 게이트

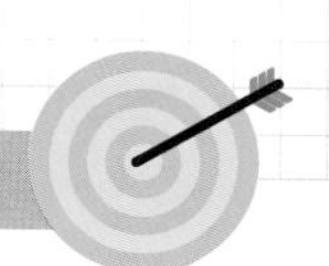

02 お席(せき)は 窓側(まどがわ)と 通路側(つうろがわ)と どちらが よろしいですか。

자리는 창가 쪽과 통로 쪽 중 어느 쪽이 좋으십니까?

席(せき) 자리, 좌석
窓(まど) 창, 창문
～側(がわ) ～쪽, ～측
通路(つうろ) 통로
どちら 어느 쪽
よろしい 좋다, 괜찮다 (よい의 공손한 표현)
肉(にく) 고기
野菜(やさい) 야채, 채소
好(す)きだ 좋아하다
注文(ちゅうもん) 주문
以上(いじょう) 이상, 이제까지 (말한 것)
エコノミークラス 일반석, 보통석
住(す)まい 주거, 주소
邪魔(じゃま) 방해
手洗(てあら)い 손을 씻음

～と～とどちらが～ですか ～과 ～중 어느 쪽이 ～입니까?

두 가지 사항을 비교할 때는「AとBとどちらが～ですか」표현을 씁니다. お席의 お는 정중의 의미를 담은 접두사이고, 둘 중 하나의 선택을 묻는 경우에는 どちら라는 의문사를 씁니다. '～과 ～중'이라고 할 때 조사 ～と～と로 연결한다는 점에 주의하세요.

예 肉(にく)と野菜(やさい)とどちらが好(す)きですか。 고기와 야채 중 어느 쪽이 좋습니까?

> 접두사 お는 존경의 뜻 외에도 자기 자신을 낮추는 겸양이나 단어 자체를 아름답게 꾸미는 미화의 뜻으로도 쓰입니다.
>
> 예 お住(す)まい 댁(사시는 곳) 존경 표현
> お邪魔(じゃま)します。 실례하겠습니다 겸양 표현
> お手洗(てあら)い 화장실 미화의 표현

よろしいですか는 いいですか보다 정중한 표현으로, 주로 상점 등에서 점원이 손님을 대할 때 공손한 느낌으로 사용합니다. よろしいですか 앞에 조사 で를 붙여서 '～으로 괜찮으시겠습니까?'라는 표현으로 많이 쓴다는 것도 꼭 알아 두세요.

예 ご注文(ちゅうもん)は以上(いじょう)でよろしいですか。 주문은 이상으로 괜찮으시겠습니까?

お席はエコノミークラスでよろしいですか。 좌석은 일반석으로 괜찮으시겠습니까?

핵·심·문·형

03 窓側(まどがわ)で お願(ねが)いします。

창가 쪽으로 부탁합니다.

～でお願(ねが)いします ～으로 부탁합니다

～でお願いしますは '～으로 부탁합니다, ～으로 주세요'라는 뜻으로, 무언가를 요청하거나 부탁할 때 사용하는 표현입니다. 부탁 표현으로 ～くださいを 쓸 수 있지만, お願いしますを 쓰는 편이 더욱 정중한 느낌입니다. 또한 물건을 사거나 음식을 주문할 때도 쓰는 표현이니까 알아 두면 요긴하게 쓸 수 있겠죠?

예 それでお願いします。 그것으로 주세요.

大盛(おおも)りでお願いします。 곱빼기로 주세요.

여기서 조사 で의 용법을 정리해 볼까요?

❶ 수단, 방법 (～으로)
鉛筆(えんぴつ)で書(か)いてください。 연필로 써 주세요.

❷ 장소 (～에서)
学校(がっこう)で勉強(べんきょう)します。 학교에서 공부합니다.

❸ 수량사＋で (돈, 시간, 수량 등의 한도)
駅(えき)まで３０分(さんじゅっぷん)で行(い)けますか。 역까지 30분 만에 갈 수 있습니까?

願(ねが)う 부탁하다
大盛(おおも)り (음식 등을) 수북하게 담음, 곱빼기
鉛筆(えんぴつ) 연필
書(か)く (글을) 쓰다
学校(がっこう) 학교
勉強(べんきょう)する 공부하다
駅(えき) 역
まで ～까지
行(い)く 가다

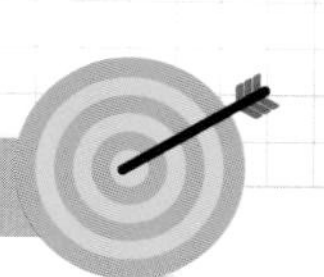

04 お泊(と)まりになる ところは ございますか。

묵으실 곳은 있으십니까?

お～になる ~하시다

이 문장에는 정중한 표현이 많이 들어 있네요. 동사 泊まる(숙박하다, 묵다)에 '~하시다'라는「お＋동사 ます형＋になる」존경 표현을 써서 お泊まりになる '묵으시다'라는 뜻이 되었어요.

예 社長(しゃちょう)はもうお帰(かえ)りになりました。 사장님은 벌써 (댁으로) 돌아가셨습니다.

この本(ほん)は先生(せんせい)がお書きになりました。 이 책은 선생님께서 쓰셨습니다.

ございますか는 '있으십니까?'라는 뜻으로, ありますか보다 더 정중한 표현이에요. 정중함의 정도가 높은 표현이기 때문에 주로 손님을 응대하는 상황에서 쓰여요. 또한 ～でございます'~입니다'라는 표현도 자주 쓰이는데, '~이다'의 뜻을 나타내는 ～である를 정중하게 나타낸 표현이에요.

예 必要(ひつよう)なものはございますか。 필요한 물건은 있으십니까?

私(わたくし)が担当(たんとう)の田中(たなか)でございます。 제가 담당인 다나카입니다.

경어를 쓸 경우에는 문장을 이루는 다른 말도 경어 표현을 써서 정중함의 정도를 통일한다는 것 알아 두세요.

예 お預(あず)けになる お荷物(にもつ)は ございますか。 맡기실 짐은 있으십니까?

존경 표현 / 존경 접두사 / 정중한 표현

- 泊(と)まる 숙박하다, 묵다
- ところ 곳, 장소
- 社長(しゃちょう) 사장님
- もう 이제, 벌써
- 帰(かえ)る 돌아가다, 돌아오다
- 先生(せんせい) 선생님
- 必要(ひつよう)だ 필요하다
- もの 물건, 것
- 私(わたくし) 저, 나
- 担当(たんとう) 담당
- 預(あず)ける 맡기다
- 荷物(にもつ) 짐, 화물

문·형·연·습

01 MP3_01_01

パスポートとチケットを見(み)せていただけますか。
여권과 티켓을 보여 주시겠습니까?

① 荷物(にもつ)を預(あず)かる
② 電話番号(でんわばんごう)を教(おし)える
③ 日本語(にほんご)で話(はな)す
④ レポートを見る

預(あず)かる 맡다, 보관하다 | 電話番号(でんわばんごう) 전화번호 | 教(おし)える 가르치다, 알려 주다 | 日本語(にほんご) 일본어 | 話(はな)す 이야기하다 | レポート 리포트, 보고서 | 見(み)る 보다

02 MP3_01_02

お席(せき)は窓側(まどがわ)と通路側(つうろがわ)とどちらがよろしいですか。
자리는 창가 쪽과 통로 쪽 중 어느 쪽이 좋으십니까?

① 靴(くつ)の色(いろ) / 白(しろ) / 黒(くろ)
② お席 / 禁煙席(きんえんせき) / 喫煙席(きつえんせき)
③ 部屋(へや) / シングルルーム / ツインルーム
④ 飲(の)み物(もの) / コーヒー / ジュース

靴(くつ) 신발, 구두 | 色(いろ) 색 | 白(しろ) 흰색 | 黒(くろ) 검정 | 禁煙席(きんえんせき) 금연석 | 喫煙席(きつえんせき) 흡연석 | 部屋(へや) 방 | シングルルーム 싱글 룸 | ツインルーム 트윈 룸 | 飲(の)み物(もの) 음료, 마실 것 | コーヒー 커피 | ジュース 주스

03 MP3_01_03

窓側でお願(ねが)いします。

창가 쪽으로 부탁합니다.

① 別々(べつべつ)　② 現金(げんきん)

③ 持(も)ち帰(かえ)り　④ ファックス

別々(べつべつ) 따로따로, 각각 | 現金(げんきん) 현금 | 持(も)ち帰(かえ)り 가지고 돌아감, 테이크 아웃 | ファックス 팩스

04 MP3_01_04

お泊(と)まりになるところはございますか。

묵으실 곳은 있으십니까?

① 換(か)える / お金(かね)　② 使(つか)う / ペン

③ 買(か)う / もの　④ 預(あず)ける / お荷物

換(か)える 바꾸다, 교환하다 | お金(かね) 돈 | 使(つか)う 사용하다 | ペン 펜 | 買(か)う 사다

실·전·회·화

MP3_01_05

● 일본으로 어학 연수를 떠나는 유나. 기대 반 두려움 반으로 공항에 도착해서 탑승 수속을 하는데….

仁川空港で

職員　パスポートとチケットを見せていただけますか。

ユナ　はい。

職員　キム・ユナ様、東京行き、8時の便ですね。
お席は窓側と通路側とどちらがよろしいですか。

ユナ　窓側でお願いします。

成田空港で

審査官　どのくらい滞在する予定ですか。

ユナ　半年の予定です。

審査官　お泊まりになるところはございますか。

ユナ　はい、新宿のホテルです。

審査官　日本での連絡先を書いてください。

ユナ　ホテルの住所でいいですか。

審査官　いいですよ。じゃ、どうぞ。

ユナ　どうも。

仁川(インチョン) 인천(지명) | 空港(くうこう) 공항 | 職員(しょくいん) 직원 | ～様(さま) ~님, ~씨 | ～行(ゆ)き ~행 | ～時(じ) ~시 | ～便(びん) ~편 | 成田(なりた) 나리타(지명) | 審査官(しんさかん) 심사관 | 滞在(たいざい)する 체류하다 | 予定(よてい) 예정 | 半年(はんとし) 반년 | 新宿(しんじゅく) 신주쿠(지명, 도쿄의 번화가) | ホテル 호텔 | 日本(にほん) 일본 | 連絡先(れんらくさき) 연락처 | 住所(じゅうしょ) 주소

인천 공항에서

직원	여권과 티켓을 보여 주시겠습니까?
유나	네.
직원	김유나 님, 도쿄행, 8시 편이시네요. 자리는 창가 쪽과 통로 쪽 중 어느 쪽이 좋으십니까?
유나	창가 쪽으로 부탁합니다.

나리타 공항에서

심사관	어느 정도 머물 예정입니까?
유나	6개월 있을 예정이에요.
심사관	묵으실 곳은 있으십니까?
유나	네, 신주쿠의 호텔입니다.
심사관	일본에서의 연락처를 써 주세요.
유나	호텔 연락처로 괜찮아요?
심사관	괜찮습니다. 그럼, 가셔도 돼요.
유나	고맙습니다.

～様(さま)

'～님'이라는 뜻으로, 사람의 이름을 높여 부를 때 쓰는 표현입니다.

～行(ゆ)き

목적지를 말할 때 쓰는 표현으로 '～행'이라는 뜻입니다.

どうぞ

상대방에게 무언가를 권할 때(드세요)나 양보할 때(먼저 하세요) 쓰는 표현입니다. 또는 상대방이 나에게 무엇을 요구했을 때 허락(네, 그러세요)의 의미도 있습니다. 즉, 굳이 동사를 쓰지 않아도 서로 이해가 되는 상황에서 씁니다.

どうも

'정말로, 대단히'라는 의미로, 감사, 사과를 나타내는 인사 표현 앞에 붙어서 뜻을 강조하는 말입니다. 또는 '고맙다'는 말을 간단히 どうも라고 하기도 합니다. 하지만 뒤에 부정어가 오면 '아무래도, 도무지, 어쩐지' 등의 뜻으로 쓰입니다.

유나의 일기

‘ユナの日記’

よろしく、日本。

いよいよ、日本に着いた。仁川空港で飛行機に乗った時は、ドキドキした。機内から見る空は、とてもきれいだった。成田空港に着いて、入国審査を受ける時は少し緊張したが、無事に終わってほっとした。入国審査が終わって、荷物受取所がわからなくて迷ってしまった。でも、ここの人はとても親切で、荷物受取所まで案内してくれた。成田空港には、私が読める内容の看板もあって、うれしかった。いつか空港にある看板が、全部読める日が来るまで、頑張ろう！

드디어 일본에 도착했다. 인천 공항에서 비행기를 탔을 때는 설렘으로 두근거렸다. 기내에서 보는 하늘은 아주 예뻤다. 나리타 공항에 도착해서 입국 심사를 받을 때는 조금 긴장했지만, 무사히 끝나서 안심했다. 입국 심사가 끝나고 짐 찾는 곳을 몰라 헤맸다. 하지만 여기 사람들은 매우 친절해서 짐 찾는 곳까지 안내해 주었다. 나리타 공항에는 내가 읽을 수 있는 내용의 간판도 있어서 기뻤다. 언젠가 공항에 있는 간판을 전부 읽을 수 있는 날이 올 때까지 열심히 노력해야지!

いよいよ 마침내, 드디어 | 着(つ)く 도착하다 | 飛行機(ひこうき) 비행기 | 乗(の)る 타다 | 時(とき) 때 | ドキドキする (설렘, 기대로) 두근거리다 | 機内(きない) 기내 | 空(そら) 하늘 | とても 대단히, 무척 | きれいだ 예쁘다, 깨끗하다 | 入国審査(にゅうこくしんさ)を受(う)ける 입국 심사를 받다 | 少(すこ)し 조금, 약간 | 緊張(きんちょう)する 긴장하다 | 無事(ぶじ)に 무사히 | 終(お)わる 끝나다, 마치다 | ほっとする 안심하다 | 荷物受取所(にもつうけとりじょ) 수화물 수취소(짐 찾는 곳) | わかる 알다 | 迷(まよ)う 헤매다, 망설이다 | ここ 여기 | 人(ひと) 사람, 타인 | 親切(しんせつ)だ 친절하다 | 読(よ)む 읽다 | 内容(ないよう) 내용 | 看板(かんばん) 간판 | うれしい 기쁘다 | いつか 언젠가 | 全部(ぜんぶ) 전부 | 来(く)る 오다 | 頑張(がんば)る 노력하다, 분발하다

Nekoken の ちょこっと 東京サンポ

霞が関 かすみがせき 가스미가세키

▲ 국회의사당

정치 행정의 중심지

화려한 쇼핑의 중심지 긴자銀座(ぎんざ)에서 일본 최초의 서양식 공원인 히비야 공원日比谷公園(ひびやこうえん)을 지나면 가스미가세키가 나옵니다. 일본의 관공서가 모여 있는 정치 행정의 중심지로 일본 최고의 엘리트 공무원들이 일하는 곳이에요. 일본 드라마는 물론 뉴스에도 단골로 등장하는 지역이며, 무료로 볼 수 있는 전시관도 곳곳에 있어서 산책 삼아 구경하기 좋아요.

법무성 구본관

가스미가세키에서 제일 아름다운 건물은 법무성法務省(ほうむしょう)의 구 본관입니다. 붉은 벽돌로 덮인 유럽풍의 건물은 독일의 유명한 건축가 에덴과 벡크만을 초청하여 만든 곳으로 1895년에 준공되었습니다. 1994년에 국가의 중요 문화재로 지정되어 옛 모습을 그대로 보존하고 있으며, 건물 안에는 무료로 관람할 수 있는 법무 역사 자료 갤러리가 있어요.

▲ 법무성 구 본관

▲ 경시청

경시청

그 밖에도 일본의 범죄 드라마에 자주 등장하는 경시청警視庁(けいしちょう), 하얀 돌로 만들어져서 「백악의 전당白亜の殿堂(はくあのでんどう)」이라고 불리는 국회의사당国会議事堂(こっかいぎじどう), 일본의 국회 개설 80주년을 기념해서 만든 헌정기념관憲政記念館(けんせいきねんかん) 등을 지표 삼아 한 바퀴 둘러보세요. 간혹 일본의 우익 집단이 큰 소리를 내며 돌아다니는데, 일본인도 두려워할 정도로 비상식적인 행동을 하니 무조건 피하는 것이 상책입니다.

成田国際空港
Narita Airport Terminal
12:40
18°C
地下鉄よりリムジンバスに乗った方がいいです。
ここから新宿までどう行ったらいいですか。
10
違うバスに乗ったみたいですね。
535

PART 02

숙소까지 뭘 타고 갈까?

- **~たらいいですか**
  ~하면 됩니까?
- **~た方(ほう)がいい**
  ~하는 편이 좋다
- **~ばいい**
  ~하면 된다
- **~みたいだ**
  ~인 것 같다

© iceink / Shutterstock.com

핵·심·문·형

01 ここから 新宿(しんじゅく)まで どう 行(い)ったら いいですか。

여기서 신주쿠까지 어떻게 가면 돼요?

どう 어떻게

いい 좋다

どこ 어디

カメラ 카메라

~から~までは 시작점과 종착점을 나타내는 표현입니다.

~たらいいですか ~하면 됩니까?

~たらいいですか는 해야 할 일이나 하면 좋은 일에 대해 상대방에게 조언이나 지시를 구하는 표현입니다. 주로 どう~たらいいですか '어떻게 ~하면 됩니까(좋습니까)?'의 형태로 많이 쓰죠.

예 どこで買(か)ったらいいですか。 어디서 사면 돼요?

どう使(つか)ったらいいですか。 어떻게 사용하면 돼요?

! ~ばいいですか로 바꿔 말할 수 있다는 것도 알아 두세요.

예 どう行けばいいですか。 어떻게 가면 돼요?

どう使えばいいですか。 어떻게 사용하면 돼요?

どこでカメラを買えばいいですか。 어디서 카메라를 사면 돼요?

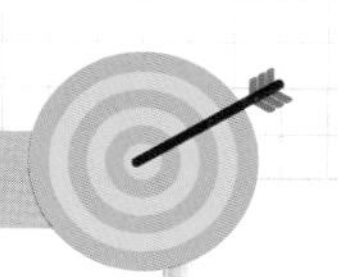

02 地下鉄(ちかてつ)より リムジンバスに 乗(の)った 方(ほう)が いいです。

지하철보다 리무진버스를 타는 편이 좋아요.

地下鉄(ちかてつ) 지하철
～より ～보다
リムジンバス 리무진버스
～方(ほう) ～(하는) 쪽, 편
彼(かれ) 그, 남자 친구
別(わか)れる 헤어지다, 이별하다
富士山(ふじさん) 후지 산
登(のぼ)る 오르다, 등산하다
電車(でんしゃ) 전차

～よりは '～보다'라는 뜻의 조사로 비교의 기준을 나타내며, ～より～の方が～です '～보다 ~쪽이 ~하다'라는 비교 구문에 많이 쓰입니다.

동사 乗る는 조사 사용에 주의해야 합니다. 우리말에서는 '～을 타다'라고 하지만 일본어에서는 조사 に를 씁니다.

예 ～に乗る (○)　　～を乗る (×)

～た方(ほう)がいい ～하는 편이 좋다

「동사 た형 / 동사 ない형+方がいい」는 '～하는 편이/~하지 않는 편이 좋다'라는 충고와 조언의 표현입니다. た형 뒤에 접속되지만 과거 시제로 해석하지 않도록 주의하세요.

예 彼(かれ)と別(わか)れた方がいいです。 남자 친구와 헤어지는 편이 좋아요.

彼と別れない方がいいです。 남자 친구와 헤어지지 않는 편이 좋아요.

～た方がいい는 말하는 사람의 의견을 적극적으로 표현한 것이고, ～(る)方がいい는 '(어느 쪽이냐 하면) ~하는 편이 좋다'라는 뜻으로 선택을 나타내요. 보통 ～た方がいい 쪽을 많이 사용합니다.

예 富士山(ふじさん)は登(のぼ)るより見(み)る方がいい。 후지 산은 오르는 것보다 보는 편이 좋다.

우리나라에서는 지하로 달리는 열차가 많아 일반적으로 지하철이라고 말하지만, 일본은 지하철 地下鉄와 지상으로 다니는 열차 電車(でんしゃ) 두 가지로 나뉩니다.

핵·심·문·형

03 バス乗(の)り場(ば)が あそこに ありますので そこから 乗(の)れば いいですよ。

버스 정류장이 / 저기에 / 있으니까 / 거기에서 / 타면 / 돼요.

バス乗(の)り場(ば) 버스 정류장

あそこ 저기

そこ 거기

タクシー 택시

切符(きっぷ) 표

売(う)り場(ば) 파는 곳, 판매장

'타다'라는 뜻의 동사 乗る의 ます형, 乗り에 장소를 나타내는 단어 場가 붙어서 乗り場(정류장)가 되었네요.

예 タクシー乗り場 택시 승차장　切符売(きっぷう)り場(ば) 표 판매소

～ので는 '～이니까, ～이므로' 등 원인이나 이유를 나타내는 말입니다. 비슷한 표현으로 ～から가 있지만, 객관적인 원인이나 이유를 나타낼 때 혹은 더 정중하게 말하고 싶을 때는 ～ので를 쓴답니다.

そこから乗れば '거기에서 타면'에서는 의미상 조사 で(～에서)를 쓸 것 같지만, 장소의 이동을 나타내는 から를 써야 합니다. ～で는 '타다'라는 행위가 일어나는 한정된 장소만을 나타내지만, ～から는 출발점을 시작으로 '버스를 타고 다른 곳으로 향하는 움직임'이 느껴지기 때문이죠. '정류장으로부터 버스를 타고 가다'라는 느낌으로 이해하시면 돼요.

～ばいい ～하면 된다

～ばいい는 '～하면 된다'라는 뜻으로, 상대에게 조언을 해 줄 때 쓸 수 있는 표현이에요. 위 문장에서는 ～ばいいですよ라고 정중하게 표현했네요. 문장 끝에 붙는 よ는 단정하여 주장하거나 보다 부드럽게 말하는 느낌을 주는 종조사로, 여기서는 상대방에게 정보를 알려 주고자 하는 마음을 나타냈습니다. 하지만 너무 자주 쓰면 자기주장이 강한 사람으로 오해받을 수 있으니 주의하세요.

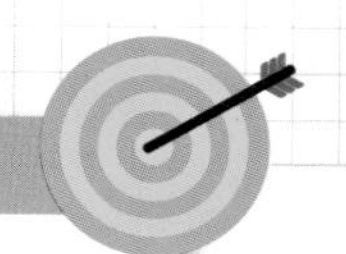

04 違う バスに 乗った みたいですね。

다른 버스를 탄 것 같네요.

ちが 違う 다르다, 틀리다
バス 버스
あか 赤ちゃん 아기
まるで 마치
てんし 天使 천사
こども 子供 아이, 자식
ねむ 眠い 졸리다
おじいさん 할아버지
げんき 元気だ 건강하다
まだ 아직
ね 寝る 자다
じゅぎょう 授業 수업
もう 이제, 벌써
いそが 忙しい 바쁘다

~みたいだ ~인 것 같다

「보통체(반말체)+みたいだ」는 말하는 사람이 주관적으로 내린 판단이나 추측을 나타내는 표현으로 회화체에서 많이 씁니다. まるで~みたいだ의 형태로 '마치 ~같다'라는 비유를 나타내기도 합니다.

예 赤ちゃんはまるで天使みたいです。 아기는 마치 천사 같아요.
子供は眠いみたいです。 아이는 졸린 것 같아요.
おじいさんは元気みたいです。 할아버지는 건강하신 것 같아요.
彼はまだ寝ているみたいです。 그는 아직 자고 있는 것 같아요.
授業はもう終わったみたいです。 수업은 벌써 끝난 것 같아요.

? ~みたいだ와 ~そうだ의 차이를 알아볼까요?

예 ❶ 田中さんは忙しいみたいです。 다나카 씨는 바쁜 것 같아요.
❷ 田中さんは忙しそうです。 다나카 씨는 바빠 보입니다.

みたいだ는 말하는 사람이 보거나 듣거나 한 일에 입각해서 스스로 내린 판단을 나타내고, そうだ는 다나카 씨의 모습이나 행동을 보고 느낀 시각적 · 직관적인 판단을 나타냅니다.

! 보통체는 정중체와 반대되는 개념으로, 기본형과는 차이가 있어요.

예 行く 간다 → 기본형(사전형)
行かない 안 간다 → 보통체
行きません 안 갑니다 → 정중체

종조사 ね는 자신의 생각이나 판단을 부드럽게 말하고 싶을 때(~이네요, ~이군요)와 확인을 하며 묻는 뉘앙스를 나타낼 때(~이죠?, ~이지?) 문장 끝에 붙여 씁니다.

01 MP3_02_01

ここから新宿(しんじゅく)までどう行(い)ったらいいですか。
여기서 신주쿠까지 어떻게 가면 돼요?

① カメラはどこで買(か)う
② お金(かね)がない時(とき)はどうする
③ このパソコンはどう使(つか)う
④ 彼氏(かれし)の誕生日(たんじょうび)に何(なに)をあげる

時(とき) 때 | パソコン 퍼스널 컴퓨터 | 彼氏(かれし) 남자 친구 | 誕生日(たんじょうび) 생일 | 何(なに, なん) 무엇 | あげる 주다

02 MP3_02_02

地下鉄(ちかてつ)よりリムジンバスに乗(の)った方(ほう)がいいです。
지하철보다 리무진버스를 타는 편이 좋아요.

① 歩(ある)く / ちょっと休(やす)む
② 銀座(ぎんざ) / 秋葉原(あきはばら)で買う
③ 我慢(がまん)する / 病院(びょういん)へ行く
④ コーラ / オレンジジュースを飲(の)む

歩(ある)く 걷다 | ちょっと 조금, 잠시 | 休(やす)む 쉬다 | 銀座(ぎんざ) 긴자(지명, 도쿄에 있는 가장 번화한 거리) | 秋葉原(あきはばら) 아키하바라(지명, 전자 상가가 모여 있는 곳) | 我慢(がまん)する 참다, 견디다 | 病院(びょういん) 병원 | コーラ 콜라 | オレンジジュース 오렌지 주스 | 飲(の)む 마시다

03 MP3_02_03

バス乗(の)り場(ば)があそこにありますのでそこから乗ればいいですよ。

버스 정류장이 저기에 있으니까 거기에서 타면 돼요.

① カフェ / そこで待(ま)つ

② ごみ箱(ばこ) / そこに捨(す)てる

③ コンビニ / そこで買う

④ 郵便局(ゆうびんきょく) / そこで手紙(てがみ)を出(だ)す

カフェ 카페 | 待(ま)つ 기다리다 | ごみ箱(ばこ) 쓰레기통 | 捨(す)てる 버리다 | コンビニ 편의점 | 郵便局(ゆうびんきょく) 우체국 | 手紙(てがみ)を出(だ)す 편지를 부치다

04 MP3_02_04

違(ちが)うバスに乗ったみたいですね。

다른 버스를 탄 것 같네요.

① 先生(せんせい)は忙(いそが)しい

② 風邪(かぜ)を引(ひ)いた

③ この花(はな)はまるで本物(ほんもの)

④ 東京(とうきょう)の冬(ふゆ)はソウルより寒(さむ)くない

風邪(かぜ)を引(ひ)く 감기에 걸리다 | 花(はな) 꽃 | 本物(ほんもの) 진짜, 진품 | 冬(ふゆ) 겨울 | ソウル 서울 | 寒(さむ)い 춥다

실·전·회·화

MP3_02_05

- 공항을 빠져 나와 숙소인 신주쿠에 있는 호텔까지 이동하는 유나. 가는 도중에 버스를 잘못 탄 것을 알아차리는데….

ユナ　　すみません。ここから新宿(しんじゅく)までどう行(い)ったらいいですか。

通行人(つうこうにん)　　地下鉄(ちかてつ)よりリムジンバスに乗(の)った方(ほう)がいいです。

ユナ　　リムジンバスはどこで乗れますか。

通行人　　バス乗(の)り場(ば)があそこにありますので、そこから乗ればいいですよ。

ユナ　　どうもありがとうございます。

バスに乗って

ユナ　　新宿に行きたいんですけど…。
このバスは新宿行(ゆ)きじゃありませんか。

隣(となり)の席(せき)の人(ひと)　　違(ちが)うバスに乗ったみたいですね。
このバスは東京駅(とうきょうえき)行きのバスですよ。

ユナ　　じゃ、ここからどう行ったらいいですか。

隣の席の人　　終点(しゅうてん)で降(お)りてＪＲ線(ジェーアルせん)に乗れば新宿まで行けます。

ユナ　　わかりました。ありがとうございます。

通行人(つうこうにん) 통행인 | ～行(ゆ)き ～행 | 終点(しゅうてん) 종점 | 降(お)りる (탈것에서) 내리다 | ～線(せん) ～선

유나 실례합니다. 여기서 신주쿠까지 어떻게 가면 돼요?

통행인 지하철보다 리무진버스를 타는 편이 좋아요.

유나 리무진버스는 어디서 탈 수 있어요?

통행인 버스 정류장이 저기에 있으니까, 거기에서 타면 돼요.

유나 감사합니다.

버스를 타고

유나 신주쿠에 가고 싶은데요….
이 버스는 신주쿠행이 아니에요?

옆 사람 다른 버스를 탄 것 같네요.
이 버스는 도쿄 역행이에요.

유나 그럼 여기에서 어떻게 가면 돼요?

옆 사람 종점에서 내려서 JR선을 타면
신주쿠까지 갈 수 있어요.

유나 알겠어요. 감사합니다.

すみません

すみません에는 여러 가지 뜻이 있는데, 주로 '미안하다'와 '고맙다, 감사하다'의 뜻을 나타냅니다. 또는 가게에서 점원을 부를 때나 모르는 사람에게 말을 걸 때도 すみません이라고 하며, 발음 편의상 すいません이라고 하기도 합니다.

JR線(せん)

JR은 Japan Railway의 약칭으로, 일본의 국철입니다. 도쿄의 도심을 관통하는 JR야마노테선(山手線(やまのてせん))은 서울 지하철 2호선과 같은 시내 순환선입니다.

유나의 일기

'ユナの日記'

大変！違うバスに乗ったよ！

成田空港を出て新宿まで、リムジンバスで行った。日本のリムジンバスは韓国のリムジンバスとあまり変わらなかった。行く途中で東京駅行きのバスに乗ったのに気づいて、終点で降りて、ＪＲ線に乗り換えた。JR線の中はとてもきれいで、人がいっぱいだった。本を読んだり、新聞を読んだりしている人が韓国より多かった。韓国と違って、ケータイで話している人はほとんどいなかった。日本人は人に迷惑をかけないことを、大事に思うからだ。私もこれから電車に乗る時は、日本語の本を読もう。

나리타 공항을 나와서 신주쿠까지 리무진버스로 갔다. 일본의 리무진버스는 한국의 리무진버스와 별로 다르지 않았다. 가는 도중에 도쿄 역행 버스를 탄 것을 알아차리고, 종점에서 내려서 JR선으로 갈아탔다. JR선의 안은 매우 깨끗하고, 사람들이 가득했다. 책을 읽거나, 신문을 읽고 있는 사람들이 한국보다 많았다. 한국과 달리 휴대폰으로 통화를 하고 있는 사람은 거의 없었다. 일본인은 다른 사람에게 폐를 끼치지 않는 것을 중요하게 생각하기 때문이다. 나도 이제부터 전철을 탈 때는 일본어 책을 읽어야지.

大変(たいへん)だ 큰일이다, 힘들다 | 空港(くうこう) 공항 | 出(で)る 나오다, 나가다 | 韓国(かんこく) 한국 | あまり 그다지, 별로(부정) | 変(か)わる 변하다, 다르다 | 途中(とちゅう) 도중 | 気(き)づく 눈치채다, 알아차리다 | 乗(の)り換(か)える 갈아타다, 바꿔 타다 | 中(なか) 안, 속 | いっぱいだ 가득하다 | 新聞(しんぶん) 신문 | 多(おお)い 많다 | ケータイ 휴대폰, 휴대 전화 | ほとんど 거의 | 日本人(にほんじん) 일본인 | 迷惑(めいわく)をかける 폐를 끼치다 | 大事(だいじ)だ 중요하다 | 思(おも)う 생각하다

Nekoken ちょこっと の 東京サンポ

神楽坂 かぐらざか 가구라자카

▲ 가구라자카의 골목길

옛 정취 가득한 곳

가구라자카는 고층 빌딩으로 가득한 신주쿠 구新宿区(しんじゅくく)에 위치해 있지만, 에도 시대(1603~1867)의 모습을 아직도 간직하고 있는 곳입니다. 돌로 만든 블록이 촘촘히 박힌 골목길은 폭이 1~2m 정도밖에 안 될 정도로 좁지만, 쓰레기 하나 없이 깔끔하게 관리되어서 정갈해요. 길 양옆으로는 목조로 지어진 일본 전통 건물이 늘어서 있어서 마치 타임머신을 타고 과거로 돌아간 듯한 느낌이 들어요.

가구라자카의 매력

가구라자카의 매력은 인기 아이돌 그룹인 아라시嵐(あらし)의 멤버 니노미야 가즈나리二宮和也(にのみやかずなり)가 주연으로 출연한 일본 드라마 「拝啓父上様(はいけいちちうえさま) (삼가 아뢰옵니다 아버님, 2007)」에 잘 그려져 있습니다. 나쓰메 소세키夏目漱石(なつめそうせき)를 포함한 일본의 대문호들이 묵으며 글을 썼던 「여관 와카나旅館和可菜(りょかんわかな)」가 있는 효고요코초兵庫横丁(ひょうごよこちょう)를 걷다 보면 애교 많은 고양이들도 심심치 않게 만날 수 있어요.

▲ 가구라자카에서 만난 고양이

▲ 말차 바바로아

다양한 맛집들

가구라자카에는 게이샤芸者(げいしゃ)가 풍악을 울리는 고급 요정부터, 벚꽃으로 유명한 운하 위에서 즐기는 수상 카페, 고급스러운 프랑스 정통 요리점, 달콤한 일본 전통 과자점 등 예산에 맞춰서 즐길 수 있는 맛집도 다양합니다. 가구라자카에서 산책을 하다가 쉬고 싶어지면 「기노젠紀の善(きのぜん)」에서 달콤함과 쌉쌀함이 부드럽게 어우러진 말차 바바로아抹茶ババロア(まっちゃ)를 맛보세요.

こちらの
手違いのようです。
お名前とご連絡先を
お書きください。
DESK
HOTEL
朝食付きで
9800円になります。
予約を入れたんですが。

PART 03

예약이 안 됐다고요?

- ~んです
  ~인데요
- ~ようだ
  ~인 것 같다
- ~付(つ)き
  ~포함, ~붙음
- お~ください
  ~해 주세요

© Dan Morar / Shutterstock.com

핵·심·문·형

01 予約を 入れたんですが。

예약을 했는데요.

우리말은 '예약을 하다' 또는 '예약을 넣다' 둘 다 쓰죠? 일본어로도 予約をする, 予約を入れる 이 두 가지 표현을 다 쓴답니다.

~んです ~인데요

「보통체(반말체)+んです」는 회화체에 많이 쓰이며, 말을 부드럽게 해 주는 표현입니다. ~んですか로 물어볼 때는 상대방에게 '내가 그것에 대해서 알고 싶으니 알려 달라'는 설명을 요구하는 의미예요. ~んです로 대답할 때는 뭔가에 대해 강조하거나 설명하고자 할 때인데, 이때는 '~인데요, ~이거든요'라고 해석하면 돼요. 명사와 な형용사의 현재 긍정 보통체 뒤에서는 なんです가 됩니다.

예 彼の誕生日なんです。 그의 생일이거든요.

お湯が出ないんですが…。 따뜻한 물이 안 나오는데요….

彼女はきれいなんですか。 그녀는 예쁩니까?

A どうして遅れたんですか。 왜 늦었습니까?

B バスが来なかったんです。 버스가 안 왔거든요.

자기소개 등의 단순한 사실을 말할 경우에는 んです를 사용하지 않습니다.

예 私はキム・ユナです。(○) 저는 김유나입니다.

私はキム・ユナなんです。(×)

予約を入れる 예약을 넣다

お湯 따뜻한 물

彼女 그녀, 여자 친구

どうして 왜, 어째서

遅れる 늦다

私 저, 나

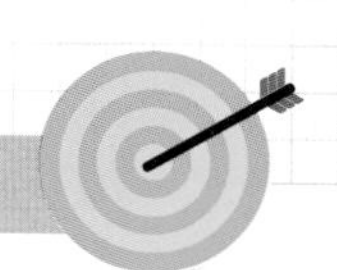

02 こちらの 手違い のようです。

저희 쪽의 / 실수 / 인 것 같습니다.

手違い 실수, 착오
まるで 마치
人形 인형
店 가게
おいしい 맛있다
まじめだ 성실하다
雨が降る 비가 내리다

こちら는 원래 '이쪽, 이분'이라는 뜻인데, 일인칭 인칭 대명사로도 쓰여서 말하는 사람 자신이나 말하는 사람이 속한 무리를 가리키는 말로도 써요. こちら는 편하게 こっち라고도 한답니다. 하지만 위 문장과 같이 격식을 차려 말할 때는 こっち를 쓰지 않는다는 것도 알아 두세요.

～ようだ ~인 것 같다

PART 02에서 나온 ～みたいだ와 같은 용법입니다. '~인 것 같다, ~인 모양이다'라는 뜻으로, 말하는 사람이 느끼고 판단한 주관적인 추측을 나타내는 표현입니다. 단, 이 두 표현은 접속 방법이 조금 다른데요. 어떻게 다른지 알아볼까요?

ようだ와 みたいだ의 접속 방법

명사	彼女はまるで人形のようだ。 그녀는 마치 인형 같다. 彼女はまるで人形みたいだ。
い형용사 (기본형에 접속)	この店はおいしいようだ。 이 가게는 맛있는 것 같다. この店はおいしいみたいだ。
な형용사 (어간에 접속)	彼はまじめなようだ。 그는 성실한 것 같다. 彼はまじめみたいだ。
동사 (보통체에 접속)	雨が降っているようだ。 비가 오고 있는 것 같다. 雨が降っているみたいだ。

핵·심·문·형

03 朝食(ちょうしょく)付(つ)きで 9800円(えん)になります。

조식 포함해서 / 9800엔입니다.

風呂(ふろ) 목욕탕, 욕조

骨(ほね) 뼈

カルビ 갈비

- 우리말의 '~식'에 해당하는 표현은 ~食(しょく)입니다.

예 朝食(ちょうしょく) 조식　昼食(ちゅうしょく) 중식　夕食(ゆうしょく) 석식

우리말 '~박'에 해당하는 일본어 표현

예 一泊(いっぱく) 1박　二泊(にはく) 2박　三泊(さんぱく) 3박　四泊(よんぱく) 4박　五泊(ごはく) 5박　何泊(なんぱく) 몇 박
一泊二日(いっぱくふつか) 1박 2일　三泊四日(さんぱくよっか) 3박 4일

~付(つ)き ~포함, ~붙음

付き는 '붙다'라는 뜻의 동사 付く의 ます형이 명사화된 것으로, '~포함, ~붙음'이라는 뜻으로 쓰입니다. 이 문장에서는 ~で가 붙어서 '~포함해서, ~붙어서'라는 뜻이 된 거예요.

예 風呂(ふろ)付きの部屋(へや) 욕조 딸린 방
骨(ほね)付きのカルビ 뼈가 붙은 갈비

- 점원이 손님에게 가격을 말할 때는「가격+です」대신 주로 ~になります를 써서 정중하게 말합니다. 더욱 격식을 차려 말할 때는 ~となります라고 해요.

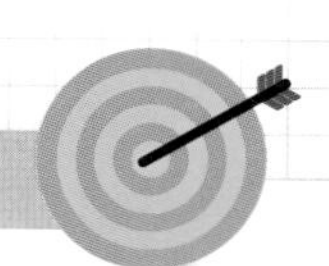

04 お名前（なまえ）と ご連絡先（れんらくさき）を お書（か）きください。

성함과 연락처를 적어 주세요.

名前（なまえ） 이름
連絡先（れんらくさき） 연락처
国（くに） 나라
仕事（しごと） 일
若（わか）い 젊다, 어리다
上手（じょうず）だ 잘하다, 능숙하다
暇（ひま）だ 한가하다
家族（かぞく） 가족
両親（りょうしん） 양친, 부모
熱心（ねっしん）だ 열심이다
親切（しんせつ）だ 친절하다
自由（じゆう）だ 자유롭다
かける 걸치다, 걸터앉다
入（はい）る 들어오다, 들어가다
明日（あした） 내일
電話（でんわ） 전화

お～ください ～해 주세요

위 문장에는 정중한 표현들이 많이 쓰였네요. 일부 명사, い형용사와 な형용사 어두에 お나 ご가 붙으면 존경의 뜻을 나타내는데, 일반적으로 お는 순수 일본어, ご는 중국에서 들어온 한자어에 붙는 경우가 많습니다.

お와 ご가 붙는 말의 예

	お가 붙는 말	ご가 붙는 말
명사	お名前, お国（くに）, お仕事（しごと）	ご家族（かぞく）, ご連絡先, ご両親（りょうしん）
い형용사	お忙（いそが）しい, お若（わか）い	
な형용사	お元気（げんき）だ, お上手（じょうず）だ, お暇（ひま）だ	ご熱心（ねっしん）だ, ご親切（しんせつ）だ, ご自由（じゆう）だ

「お+동사 ます형+ください」는 ～てください보다 정중한 표현이에요. 마찬가지로 「お(ご)+동작성 명사+ください」도 정중한 표현으로 쓴답니다.

예 こちらにおかけください。 이쪽에 앉으세요.
どうぞお入（はい）りください。 어서 들어오세요.
明日（あした）お電話（でんわ）ください。 내일 전화해 주세요.

문·형·연·습

01 MP3_03_01

予約を入れたんですが。

예약을 했는데요.

① 体の具合が悪い　② 運動は苦手だ

③ 財布を落とした　④ もう時間がない

体(からだ) 몸 | 具合(ぐあい) 상태, 형편 | 悪(わる)い 나쁘다 | 運動(うんどう) 운동 | 苦手(にがて)だ 못하다, 서투르다 | 財布(さいふ) 지갑 | 落(お)とす 떨어뜨리다, 잃어버리다 | もう 이제, 벌써 | 時間(じかん) 시간

02 MP3_03_02

こちらの手違いのようです。

저희 쪽의 실수인 것 같습니다.

① 雨が降った　② 彼は家にいない

③ 小川さんの話は本当　④ 今から授業が始まる

家(いえ) 집 | 話(はなし) 이야기 | 本当(ほんとう) 정말, 진짜 | 今(いま)から 지금부터, 이제부터 | 授業(じゅぎょう) 수업 | 始(はじ)まる 시작되다

03 MP3_03_03

朝食付きで9800円になります。

조식 포함해서 9800엔입니다.

① CD / 890円

② お風呂 / 一万6000円

③ 付録 / 2400円

④ 夕食 / 2万8000円

付録(ふろく) 부록

04 MP3_03_04

お名前とご連絡先をお書きください。

성함과 연락처를 적어 주세요.

① どうぞ / 入る

② よろしく / 伝える

③ 体に / 気をつける

④ こちらのいすに / かける

よろしく '잘 전해 주십시오'의 뜻으로 쓰는 말, (인사말로) 잘 부탁해 | 伝(つた)える 전하다, 전달하다 | 気(き)をつける 조심하다, 주의하다 | いす 의자

실·전·회·화

MP3_03_05

● 예약한 호텔에 겨우 도착한 유나. 하지만 또 하나의 예기치 못한 상황이 기다리고 있었는데….

ユナ　予約(よやく)したキム・ユナですが。

フロント　申(もう)し訳(わけ)ございません。そのお名前(なまえ)でご予約は入(はい)っておりませんが。

ユナ　え？ 確(たし)かに電話(でんわ)で予約を入(い)れたんですが。

しばらくして

フロント　大変(たいへん)申し訳ございません。こちらの手違(てちが)いのようです。シングルルームでしたら今(いま)すぐご用意(ようい)できますが、よろしいでしょうか。

ユナ　はい、結構(けっこう)です。一泊(いっぱく)いくらですか。

フロント　一泊朝食(ちょうしょく)付(つ)きで9800円(えん)になります。

ユナ　じゃ、それでお願(ねが)いします。

フロント　では、こちらにお名前とご連絡先(れんらくさき)をお書(か)きください。

フロント (호텔의) 현관에 있는 접수처, 프런트 | 申(もう)し訳(わけ) 변명, 해명 | 確(たし)かに 분명히, 확실히 | 大変(たいへん) 대단히, 매우 | シングルルーム 싱글 룸 | ~でしたら ~이라면 (たら보다 정중한 표현) | 今(いま)すぐ 지금 당장 | 用意(ようい) 준비, 채비 | できる 할 수 있다, 가능하다 | よろしい 좋다, 괜찮다 | 結構(けっこう)だ 좋다, 괜찮다 | いくら 얼마

유나　　예약한 김유나인데요.

프런트　죄송합니다. 그 이름으로 예약은 되어 있지 않습니다만.

유나　　네? 분명히 전화로 예약을 했는데요.

잠시 후

프런트　대단히 죄송합니다. 저희 쪽의 실수인 것 같습니다.
싱글 룸이라면 지금 당장 준비해 드릴 수 있습니다만,
괜찮으시겠습니까?

유나　　네, 괜찮습니다. 1박에 얼마예요?

프런트　1박 조식 포함해서 9800엔입니다.

유나　　그럼, 그 방으로 해 주세요.

프런트　그럼, 이쪽에 성함과 연락처를 적어 주세요.

Plus

申し訳(もうわけ)ございません

ごめんなさい → すみません → 申し訳ございません 순으로 정중한 표현입니다.

おります

います의 겸양(자신을 낮추고 상대를 높이는) 표현입니다. 따라서 ~ています의 겸양 표현은 ~ております 형태가 됩니다.

用意(ようい)

'준비, 채비'라는 뜻입니다. 비슷한 단어로 準備(じゅんび)가 있는데, 用意는 무엇을 하기 전에 그것을 바로 시작할 수 있도록 준비하는 것이고 準備는 보다 장기적인 준비를 하는 경우에 씁니다.

結構(けっこう)です

'좋습니까?, 괜찮으세요?'라는 질문에 대한 대답으로 쓰는 표현입니다. '좋습니다, 괜찮습니다'라는 허락의 뜻과 '됐습니다'라는 거절의 뜻, 두 가지가 있습니다.

유나의 일기
'ユナの日記'

えっ？予約ミスですか？

予約したホテルに着いたら、予約が入っていなかった。確かに韓国で予約を入れたけど、何かの間違いがあったみたいだ。本当にびっくりした。それでフロントの人が丁寧に何度も謝った。やっぱり日本人は謝るのが上手だった。幸い、すぐ、シングルルームを取ることができた。一泊朝食付きで9800円だった。日本は韓国より交通代は高いけど、ホテルの宿泊費はあまり変わらなかった。部屋の中にお風呂まで付いていて、お風呂に入ったら、今日の疲れが取れた。明日は美香と会って、おいしいものを食べに行こう。

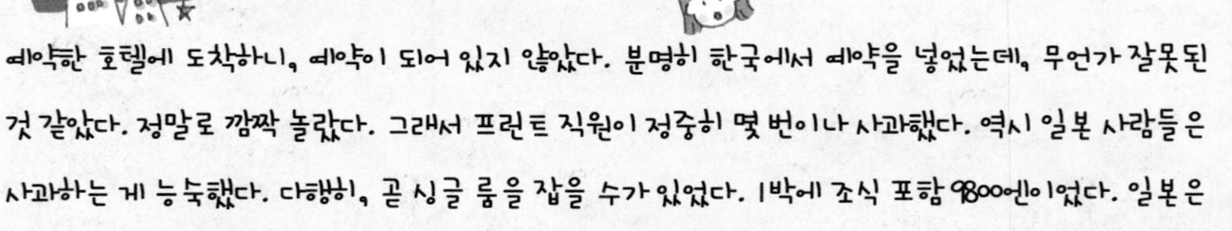

예약한 호텔에 도착하니, 예약이 되어 있지 않았다. 분명히 한국에서 예약을 넣었는데, 무언가 잘못된 것 같았다. 정말로 깜짝 놀랐다. 그래서 프런트 직원이 정중히 몇 번이나 사과했다. 역시 일본 사람들은 사과하는 게 능숙했다. 다행히, 곧 싱글 룸을 잡을 수가 있었다. 1박에 조식 포함 9800엔이었다. 일본은 한국 보다 교통비는 비싸지만, 호텔 숙박비는 별로 차이가 없었다. 방 안에는 욕조까지 딸려 있어서 목욕을 했더니, 오늘 쌓였던 피로가 풀렸다. 내일은 미카와 만나서 맛있는 것을 먹으러 가야지.

ミス 실수 | 着(つ)く 도착하다 | 何(なに)か 무언가 | 間違(まちが)い 잘못, 실수 | ～みたいだ ～인 것 같다 | 本当(ほんとう)に 정말로 | びっくりする 놀라다 | それで 그래서 | 丁寧(ていねい)に 정중히 | 何度(なんど)も 몇 번이나 | 謝(あやま)る 사과하다, 사죄하다 | やっぱり 역시 | 幸(さいわ)い 다행히 | すぐ 곧, 금방 | シングルルームを取(と)る 싱글룸을 잡다 | ～より ～보다 | 交通代(こうつうだい) 교통비 | 高(たか)い 비싸다 | 宿泊費(しゅくはくひ) 숙박비 | 変(か)わる 변하다, 다르다 | 付(つ)く 붙다, 딸리다 | 疲(つか)れが取(と)れる 피로가 가시다 | 会(あ)う 만나다 | 食(た)べる 먹다 | ～に行(い)く ～하러 가다

谷中やなか 야나카

▲ 야나카 상점가의 모습

소박한 멋이 있는 곳

야나카는 도쿄에서 나리타 국제공항으로 이동할 때 들르기 편한 닛포리 역日暮里駅(にっぽりえき) 근처에 있어요. 서민적이면서 일본 고유의 특징과 정감이 느껴지는 곳이죠. 70개가 넘는 크고 작은 사찰이 밀집되어 있어서 교토京都(きょうと) 같은 전통적인 분위기도 나고, 거리 곳곳에는 인력거가 손님을 기다리며 서 있어요.

야나카긴자 상점가

야나카에서 가장 매력적인 곳은 야나카긴자 상점가谷中銀座商店街(やなかぎんざしょうてんがい)입니다. 일본 전통 신발 전문점, 일본 전통 의류 전문점, 도장집, 크로켓으로 유명한 정육점 등 약 70여 개의 개성 넘치는 상점들이 모여 있어요. 고양이를 사랑하는 곳이라 간판 옆에는 고양이 인형이 장식되어 있고, 실제 이곳에 사는 길고양이들도 복을 불러오는 고양이인 마네키네코招き猫(まねきねこ)처럼 손님들을 반갑게 맞이합니다. 「야나카 싯포야谷中しっぽや(やなか)」에서는 고양이 꼬리 모양의 앙증맞은 도넛도 팔아요.

▲ 고양이 꼬리 모양 도넛

사찰 마을

일본의 절은 묘지를 관리하는 역할을 하기 때문에 절 안이나 옆에는 묘지가 펼쳐져 있는 경우가 많습니다. 야나카에도 약 7,000개의 묘지를 보유한 야나카 레이엔谷中霊園(やなかれいえん)을 비롯해서 수많은 묘지가 이곳저곳에 펼쳐져 있어요. 야나카는 한적한 주택가이기 때문에 어두워지면 인적이 드물어지니 해가 지기 전에 구경을 마치는 것이 좋습니다.

▲ 사찰 마을의 풍경

おいしいものを
食べなきゃ。
たこやき
CURRY
OPEN
CURRY
あまり辛く
しないでください。
すごく
おいしいんだって。

PART 04

금강산도 식후경

- **~なきゃ**
  ~해야지
- **~って**
  ~이래
- **~にする**
  ~으로 하다
- **~ないでください**
  ~하지 말아 주세요

핵·심·문·형

01 おいしい ものを 食べなきゃ。

맛있는 / 것을 / 먹어야지.

料理 요리
どんな 어떤
趣味 취미
絵 그림
描く (그림을) 그리다
もう 이제, 벌써
そろそろ 슬슬

もの와 こと는 모두 '~것'이라는 뜻을 나타내지만 의미상 차이가 있습니다. もの는 구체적이며 감각적으로 포착되는 대상을 나타내는 경우에 쓰는 표현이지만, こと는 추상적이며 대체할 명사가 없는 경우에 쓰는 표현이에요.

예 韓国の料理はどんなものが好きですか。 한국 요리는 어떤 것을 좋아하나요?

私の趣味は絵を描くことです。 나의 취미는 그림을 그리는 것입니다.

～なきゃ ～해야지

～なければ '~하지 않으면'의 축약형(회화체)입니다. 주로 정중체로 쓸 때는 '~해야 됩니다'라는 ～なきゃいけません, ～なきゃなりません 형태로 쓰지만, 이렇게 축약 형태로 쓰이면 '~해야 돼, ~해야지'라는 자신의 의지를 나타내는 뜻으로 쓰인답니다.

예 もう、そろそろ行かなきゃ。 이제, 슬슬 가야지.

タクシーに乗らなきゃ。 택시를 타야지.

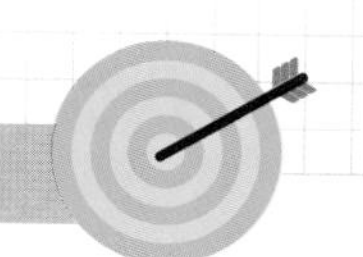

02 すごく おいしいんだって。

아주 맛있대.

すごく 굉장히

コンピューター 컴퓨터

本当に 정말로

便利だ 편리하다

牛丼屋 소고기 덮밥 전문점

～より ～보다

聞く 듣다, 묻다

～って ～이래

～って는 실생활에서 자주 사용하는 회화체로, 광범위한 뜻을 가지고 있습니다. 우리말의 '～이라는 것은, ～이라는, ～이라고, ～이래' 등의 표현을 모두 って로 줄여서 표현합니다.

❶ ～이라는 것은 (～というのは)

コンピューターって本当に便利ですね。 컴퓨터라는 것은 정말 편리하네요.

❷ ～이라는 (～という)

吉野家って牛丼屋があります。 요시노야라는 소고기 덮밥 전문점이 있습니다.

❸ ～이라고 (～と, ～だと)

東京はソウルよりあまり寒くないって聞いたんだけど。

도쿄는 서울보다 별로 춥지 않다고 들었는데.

❹ ～이래, ～이라고 했다 (～と言った) (문장 끝에 오는 경우)

彼は日本語が上手だって。 그는 일본어를 잘한대.

吉野家 – 일본 어디에서나 만날 수 있는 유명 덮밥 체인점입니다. 저렴한 가격으로 다양한 덮밥을 맛볼 수 있는 곳입니다.

핵·심·문·형

03 私(わたし)は ビーフカレーに する。

나는 비프 카레로 할래.

する 하다

なさる 하시다

일본식 외래어는 우리말의 외래어 발음과 다소 달라, 잘 외워 두지 않으면 뜻이 통하지 않는 경우가 있으니 주의해야 해요. 우리는 영어의 Beef를 비프라고 읽지만, 일본어에서는 ビーフ라고 해요. 일본어에서는 영어의 f를 フ로 표기하는 경우가 많습니다.

예 フランス 프랑스　　カフェ 카페

일본 카레 요리의 종류

예 ビーフカレー 비프 카레　　カツカレー 가쓰 카레

カレーうどん 카레 우동　　チキンカレー 치킨 카레

～にする ～으로 하다

주로 식당에서 메뉴를 정할 때나 상점에서 원하는 물건을 골랐을 때 쓰는 표현입니다. 정중체는 ～にします가 되겠죠. '무엇으로 하시겠습니까?'라고 물어볼 때는 何(なに)にしますか라고 해요. 더 정중하게는 何になさいますか라고 한다는 것도 알아 두세요.

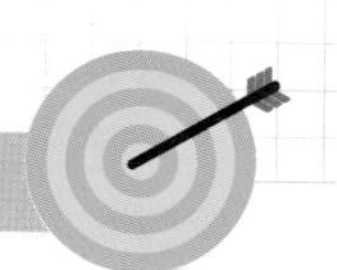

04 あまり 辛く しないで ください。

너무 / 맵게 / 하지 말아 / 주세요.

辛い 맵다
無理する 무리하다
そんな 그런
こと 것, 일, 말
言う 말하다

辛い라는 い형용사 어간에 く를 붙여서 辛く '맵게'라는 부사형을 만듭니다.

예 大きい 크다 → 大きく 크게

小さい 작다 → 小さく 작게

高い 비싸다 → 高く 비싸게

いい(좋다)의 부사형은 いく가 아닌 よく(자주, 잘)가 된다는 것에 주의하세요!

맛을 나타내는 형용사

예 甘い 달다	しょっぱい 짜다	すっぱい 시다
苦い 쓰다	渋い 떫다	香ばしい 고소하다

* '싱겁다'는 따로 정해진 단어가 없기 때문에 '맛이 연하다' 味が薄い라고 합니다.

～ないでください ～하지 말아 주세요

상대방에게 어떤 행동을 하지 않도록 의뢰하거나 지시할 때 쓰는 완곡한 표현입니다. 뒤의 ください를 빼고 ～ないで로 말하면 '～하지 마, ～하지 말아 줘'라는 반말체가 됩니다.

예 あまり無理しないでください。 너무 무리하지 마세요.

そんなこと言わないで。 그런 말 하지 마.

문·형·연·습

01 MP3_04_01

おいしいものを食(た)べなきゃ。
맛있는 것을 먹어야지.

① 早(はや)く行(い)く
② ダイエットをする
③ 日本語(にほんご)の勉強(べんきょう)をする
④ もっときれいになる

早(はや)く 빨리 | ダイエット 다이어트 | 勉強(べんきょう) 공부 | もっと 더, 더욱 | ~になる ~이 되다, ~해지다

02 MP3_04_02

すごくおいしいんだって。
아주 맛있대.

① 田中(たなか)さんが入院(にゅういん)した
② 山田(やまだ)さんが結婚(けっこん)する
③ 彼女(かのじょ)はとてもきれいだ
④ 新(あたら)しいラーメン屋(や)ができた

入院(にゅういん)する 입원하다 | 結婚(けっこん)する 결혼하다 | 新(あたら)しい 새롭다 | ラーメン屋(や) 라면 가게 | できる 생기다, 완성되다, 할 수 있다

03 MP3_04_03

私(わたし)はビーフカレーにする。

나는 비프 카레로 할래.

① 生(なま)ビール

② この赤(あか)い靴(くつ)

③ とんカツ定食(ていしょく)

④ あの黒(くろ)いかばん

生(なま)ビール 생맥주 | 赤(あか)い 빨갛다 | とんカツ定食(ていしょく) 돈가스 정식 | 黒(くろ)い 검다 | かばん 가방

04 MP3_04_04

あまり辛(から)くしないでください。

너무 맵게 하지 말아 주세요.

① 心配(しんぱい)する

② お酒(さけ)を飲(の)む

③ ここでタバコを吸(す)う

④ 甘(あま)いものをたくさん食べる

心配(しんぱい)する 걱정하다 | お酒(さけ) 술 | タバコを吸(す)う 담배를 피우다 | 甘(あま)いもの 단것 | たくさん 많이

실·전·회·화

MP3_04_05

● 친구 미카와 만나 카레 전문점에 간 유나. 메뉴판이 온통 읽기 힘든 가타카나로 되어 있는데….

美香(みか)　日本(にほん)での初日(しょにち)だから何(なに)かおいしいものを食(た)べなきゃ。
私(わたし)がおごるよ。

ユナ　本当(ほんとう)？ 日本のカレーがおいしいって聞(き)いたんだけど。

美香　この近(ちか)くに新(あたら)しいカレー屋(や)さんができたけど、
すごくおいしいんだって。そこに行(い)ってみない？

ユナ　うん。そうしよう。

カレー屋で

店員(てんいん)　ご注文(ちゅうもん)うかがいます。

美香　私はビーフカレーにする。ユナは？

ユナ　ここのお勧(すす)めは何(なん)ですか。

店員　こちらのシーフードカレーはいかがでしょうか。
辛(から)さを選(えら)べるのでけっこう人気(にんき)がありますよ。

ユナ　じゃ、私はシーフードカレーにします。
あまり辛くしないでください。

初日(しょにち) 첫날 | おごる 한턱내다 | 近(ちか)く 근처, 가까운 곳 | ～屋(や) ～가게 | 店員(てんいん) 점원 | 注文(ちゅうもん) 주문 | うかがう 여쭙다(聞く의 겸양 표현) | お勧(すす)め 추천, 추천 메뉴 | シーフードカレー 시푸드(해산물) 카레 | 辛(から)さ 맵기 | 選(えら)ぶ 고르다, 택하다 | けっこう 꽤, 상당히 | 人気(にんき) 인기

미카 일본에서의 첫날이니까 뭔가 맛있는 것을 먹어야지.
내가 살게.

유나 정말? 일본 카레가 맛있다고 들었는데.

미카 이 근처에 새로운 카레 가게가 생겼는데 아주 맛있대.
거기 가 보지 않을래?

유나 응. 그러자.

카레 가게에서

점원 주문하시겠어요?

미카 나는 비프 카레로 할래. 유나는?

유나 여기의 추천 메뉴는 뭔가요?

점원 이쪽의 시푸드(해산물) 카레는 어떠세요?
맵기 정도를 고를 수 있기 때문에 꽤
인기가 있습니다.

유나 그럼, 저는 시푸드 카레로 할래요.
너무 맵게 하지 말아 주세요.

Plus

おごる

'한턱내다'라는 뜻으로, 윗사람에게는 ごちそうする라는 표현을 써야 합니다.

カレー屋(や)さん

여기에서 さん은 미화어의 기능을 하는데, 주로 여성들이 쓰는 표현입니다.

～ない？

'～할래?, ～하지 않을래?'라는 뜻으로, 가볍게 권유하는 느낌의 반말체 표현입니다.

いかがでしょうか

주로 점원이 손님에게 쓰는 표현으로 いかがですか보다 정중한 표현입니다

유나의 일기 'ユナの日記'

おいしいカレー屋さんを見つけた。

今日は新宿で美香に会った。美香がおいしいカレー屋さんに行こうと言ったので、行ってみた。思ったより広くはなかったけど、内部はきれいでお客さんでいっぱいだった。美香はビーフカレーを注文したけど、私はメニューがカタカナで書いてあったので、なかなか読めなかった。仕方なく、店員さんにお勧めを聞くと、シーフードカレーだと言った。それで私はシーフードカレーを辛くしないでくださいと頼んだ。お客さんが多かったけど、思ったよりすぐ出てきた。やっぱり日本のカレーはとてもおいしかった。次は他のカレーを食べてみよう。

오늘은 신주쿠에서 미카를 만났다. 미카가 맛있는 카레집에 가자고 해서 가 보았다. 생각보다 넓지는 않았지만 내부는 깨끗하고 손님으로 꽉 차 있었다. 미카는 비프 카레를 주문했지만 나는 메뉴가 가타카나로 써져 있어서 좀처럼 읽을 수 없었다. 하는 수 없이 점원에게 추천 메뉴를 물었더니 시푸드 카레라고 했다. 그래서 나는 시푸드 카레를 맵지 않게 해 달라고 주문했다. 손님이 많았는데 생각보다 금방 나왔다. 역시 일본 카레는 아주 맛있었다. 다음에는 다른 카레를 먹어 봐야지.

見(み)つける 발견하다, 찾다 | 思(おも)う 생각하다 | ～より ~보다 | 広(ひろ)い 넓다 | 内部(ないぶ) 내부 | お客(きゃく)さん 손님 | いっぱいだ 가득하다 | メニュー 메뉴 | なかなか 좀처럼(부정) | 仕方(しかた)ない 하는 수 없다, 어쩔 수 없다 | 頼(たの)む 부탁하다, 주문하다 | やっぱり 역시 | 次(つぎ) 다음 | 他(ほか) 딴 것, 그 밖

Nekoken의 ちょこっと 東京サンポ

広尾ひろお 히로오

▲ 아리스가와노미야 기념공원

이국적인 거리

히로오는 독일, 노르웨이, 크로아티아 등 유럽권 대사관이 모여 있는 지역이자 한국의 청담동 같은 이미지의 고급 주택가로 도쿄의 시부야 구에 위치해 있어요. 다양한 국적의 부자들을 겨냥한 외국 식품 전문점, 와인 전문점 등을 비롯하여 프랑스, 이탈리아 등의 서양 요리를 취급하는 고급스러운 레스토랑이 많아서 입맛이 까다로운 미식가들에게도 인기가 많아요.

히로오에서의 런치

히로오의 고급 레스토랑에서 멋진 시간을 보내려면 약간의 준비가 필요합니다. 예약은 필수! 편안한 차림의 여행자 복장보다는 레스토랑의 분위기에 맞춰 적당히 멋을 내고 가는 것이 좋아요. 저녁 식사로는 1인당 수십만 원의 예산이 필요한 곳이 대부분이지만, 점심에는 3,000~5,000엔 정도로 즐길 수 있는 런치 코스를 파는 곳도 있으니 저예산으로 즐길 수 있는 런치를 추천합니다.

▲ 아뉴 르톼르베뷔(アニュ ルトゥルヴェ・ヴー)

▲ 르 수플레(ル・スプレ)

색다른 음식들

규모는 크지 않지만 모던한 프렌치 요리를 선보이는 「아뉴 르톼르베뷔a nu, retrouvez-vous」, 갓 구워서 따뜻하게 즐기는 수플레 전문점 「르 수플레 Le souffle」에서 이국적이면서도 맛있는 요리들로 입안을 호강시켜 보세요. 식후에 여운이 가시지 않는다면 아리스가와노미야 기념공원有栖川宮記念公園(ありすがわのみやきねんこうえん)에서 산책을 하는 것도 좋습니다.

fashion Queen
DRESS ROOM
ユナに似合い
そうだけど。
短すぎじゃない？

PART 05

도쿄는 쇼핑 천국

- **～そうだ**
  ～일 것 같다
- **～すぎる**
  너무 ～하다
- **～ちゃう**
  ～해 버리다
- **～ないと**
  ～해야 돼

핵·심·문·형

01 ユナに 似合(にあ)いそうだけど。

유나에게 잘 어울릴 것 같은데.

似合(にあ)う 어울리다
まじめだ 성실하다
雨(あめ)が降(ふ)る 비가 내리다
うれしい 기쁘다
悲(かな)しい 슬프다
寂(さび)しい 외롭다
知(し)る (지식, 정보 등을) 알다
似(に)る 닮다, 비슷하다
空(あ)く (공간이) 비다
結婚(けっこん)する 결혼하다

~そうだ ~일 것 같다

눈으로 보고 판단한 추측을 나타내는 표현으로 '~일 것 같다, ~해 보인다'라고 해석합니다.

~そうだ의 접속 방법

い형용사 (어간에 접속)	先生(せんせい)は忙(いそが)しそうですね。 선생님은 바빠 보이네요.
な형용사 (어간에 접속)	彼(かれ)はまじめそうですね。 그는 성실해 보이네요.
동사 (ます형에 접속)	雨(あめ)が降(ふ)りそうですね。 비가 올 것 같아 보여요.

감정을 나타내는 형용사 うれしい, 悲(かな)しい, 寂(さび)しい 등을 사용해 타인의 감정을 나타내고 싶은 경우, 이들 형용사에 ~そうだ를 붙여 외견으로부터 추측하는 형태로 쓸 수 있습니다.

예 田中(たなか)さんはうれしそうです。 다나카 씨는 기쁜 것 같습니다.

先生は悲しそうです。 선생님은 슬퍼 보입니다.

! いい와 ない에 そうだ가 붙을 때는 형태 변화에 주의하세요.

예 いい → よさそうだ 좋을 것 같다

ない → なさそうだ 없을 것 같다

似合う는 어떤 결과의 상태가 지속되고 있음을 나타내는 ~ている 형태를 써서, ~似合っている(어울린다)로 쓰는 경우가 많습니다. ~ている 형태로 자주 쓰는 표현으로는 知(し)っている(알고 있다), 似(に)ている(닮았다), 空(あ)いている(비어 있다), 結婚(けっこん)している(결혼했다) 등이 있습니다.

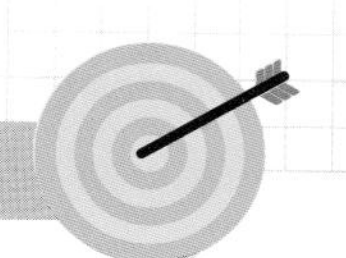

02 短すぎじゃない？

너무 짧지 않아?

短い 짧다
下手だ (솜씨가) 서투르다
ゆうべ 어젯밤
お酒 술
頭 머리
痛い 아프다
キムチ 김치
砂糖 설탕
入れる 넣다

～すぎる 너무 ～하다

～すぎる는 '너무 ～하다'라는 뜻으로, 행위나 정도가 허용 범위를 넘는 것을 나타내기 때문에 보통은 그 상태가 바람직하지 않은 경우에 쓰입니다. 2그룹 동사 활용을 합니다.

예 飲みすぎる, 飲みすぎない, 飲みすぎた

～すぎる의 접속 방법

い형용사 (어간에 접속)	このかばんは大きすぎます。 이 가방은 너무 큽니다.
な형용사 (어간에 접속)	この絵は下手すぎます。 이 그림은 너무 서투릅니다.
동사 (ます형에 접속)	ゆうべお酒を飲みすぎて頭が痛いです。 어젯밤 과음해서 머리가 아픕니다.

短い → 短すぎる가 되는데, ます형만으로 명사화해서 쓰기도 합니다. 그래서 위 문장처럼 短すぎ가 된 것이죠.

예 食べすぎ 과식　　飲みすぎ 과음

～じゃない는 직역하면 '～이 아니다, ～하지 않아'라는 뜻인데, 한국에서도 '～지 않아'라는 부정 표현이 '～이잖아'라는 반말 긍정체가 되는 것처럼 일본어에서도 ～じゃない를 '～이잖아'라는 뜻으로 씁니다. 이때 끝의 억양을 살짝 올리면 ～じゃない? '～하지 않아?'라는 반말 의문문이 되는 거죠.

예 このキムチ、辛すぎじゃない？ 이 김치 너무 맵지 않아?
砂糖入れすぎじゃない？ 설탕 너무 많이 넣은 거 아냐?

핵·심·문·형

03 昨日も 買い物しちゃったし。

어제도 쇼핑해 버렸고.

昨日 어제
買い物 쇼핑
財布 지갑
落とす 떨어뜨리다, 잃어버리다
全部 전부
かかる (시간, 거리가) 걸리다
遊ぶ 놀다

~ちゃう ~해 버리다

~ちゃう는 ~てしまう의 축약형으로 회화체에서 많이 쓰는 표현입니다. 주로 もう(이미), 全部(전부)와 함께 동작, 작용이 완료된 상태를 나타내거나, 곤란한 상황에서의 당혹스러운 감정을 나타내며 해석은 '~해 버리다'라고 합니다. 주로 지난 일에 대해 쓰는 경우가 많기 때문에 과거형인 ~ちゃった의 형태로 씁니다. 위 문장에서도 이미 쇼핑을 해 버렸다는 의미로 買い物しちゃった라는 과거형을 썼네요. 우리말로 굳이 '~해 버렸다'라고 해석하지 않는 표현도 일본어에서는 말하는 사람의 후회나 당혹스러운 마음을 담아 ~ちゃった로 많이 쓴답니다.

예 財布を落としてしまった。 = 財布を落としちゃった。 지갑을 떨어뜨렸다.
お金を全部使ってしまった。 = お金を全部使っちゃった。 돈을 전부 써 버렸다.

! ~でしまう의 축약형은 ~じゃう이며, 과거형은 ~じゃった입니다.

예 飲んでしまう → 飲んじゃう → 飲んじゃった
遊んでしまう → 遊んじゃう → 遊んじゃった

「보통체+し」는 '~하고'라고 해석하며, 두 가지 이상의 이유를 나열해서 말하는 표현이에요. 이유를 말하는 표현에 から도 있는데, し를 하나만 쓸 경우에는 앞에서 말한 것 외에 '다른 이유도 있다'는 뉘앙스가 있어서 から와는 조금 차이가 있어요..

예 お金もないし、時間もかかるし、あまり行きたくない。
돈도 없고, 시간도 걸리고, 별로 가고 싶지 않아.

色もきれいだし、この靴にします。 색도 예쁘고, 이 신발로 할게요.

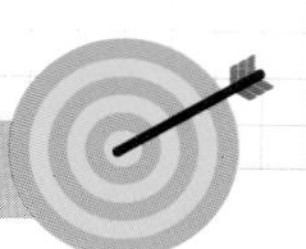

04 我慢(がまん)しないとね。

참아야 되겠네.

我慢(がまん)する 참다, 견디다

早(はや)く 빨리

風邪(かぜ)を引(ひ)く 감기에 걸리다

時(とき) 때

ゆっくり 푹, 천천히

～ないと ～해야 돼

～ないと는 '～하지 않으면 안 된다'라는 ～ないとだめだ, ～ないといけない의 축약형으로, 결국 '～해야 돼'라는 의무를 나타내는 표현이라고 할 수 있습니다. PART 04에서 배운 ～なきゃ와 비슷하지만 ～なきゃ가 '～해야지'라는 본인의 의지가 느껴지는 것에 비해 ～ないと는 '～해야 돼'라는 의무감이 느껴지는 표현입니다. (48쪽 참고)

예 早(はや)く行かないと。 빨리 가야 돼.

風邪(かぜ)を引(ひ)いた時(とき)は、ゆっくり休(やす)まないと。 감기에 걸렸을 때는 푹 쉬어야 돼.

문장 끝에 오는 종조사 ね는 자신의 생각을 부드럽게 말하거나 확인하는 표현으로, 정중체는 물론, 위 문장처럼 반말체 뒤에도 붙일 수 있습니다.

문·형·연·습

01 MP3_05_01

ユナに似合(にあ)いそうだけど。
유나에게 잘 어울릴 것 같은데.

① このコップは丈夫(じょうぶ)だ
② これから寒(さむ)くなる
③ 彼女(かのじょ)は頭(あたま)がいい
④ 田中(たなか)さんは悲(かな)しい

コップ 컵 | 丈夫(じょうぶ)だ 튼튼하다, 단단하다 | これから 이제부터, 앞으로

02 MP3_05_02

短(みじか)すぎじゃない？
너무 짧지 않아?

① 問題(もんだい)が簡単(かんたん)だ
② 部屋(へや)が狭(せま)い
③ セーターが大(おお)きい
④ コーヒーに砂糖(さとう)を入(い)れる

問題(もんだい) 문제 | 簡単(かんたん)だ 간단하다 | 狭(せま)い 좁다 | セーター 스웨터

03 MP3_05_03

昨日(きのう)も買(か)い物(もの)しちゃったし。

어제도 쇼핑해 버렸고.

① 受験(じゅけん)に落(お)ちる

② 彼女とは別(わか)れる

③ 入場時間(にゅうじょうじかん)が過(す)ぎる

④ お小遣(こづか)いを全部(ぜんぶ)使(つか)う

受験(じゅけん) 수험 | 落(お)ちる 떨어지다 | 別(わか)れる 헤어지다, 이별하다 | 入場(にゅうじょう) 입장 | 過(す)ぎる 지나다 | お小遣(こづか)い 용돈

04 MP3_05_04

我慢(がまん)しないとね。

참아야 되겠네.

① 明日(あした)テストだから勉強(べんきょう)する

② 急用(きゅうよう)ができたから早(はや)く行(い)く

③ 体(からだ)が弱(よわ)くなったから運動(うんどう)する

④ 風邪(かぜ)を引(ひ)いたから薬(くすり)を飲(の)む

テスト 테스트, 시험 | 急用(きゅうよう) 급한 용무 | できる 생기다, 완성되다, 할 수 있다 | 弱(よわ)い 약하다 | 運動(うんどう)する 운동하다 | 薬(くすり)を飲(の)む 약을 먹다

MP3_05_05

● 일본에서 유행하는 옷 스타일로 바꿔 보기로 한 유나. 친구 미카의 안내를 받아 쇼핑을 갔는데….

美香(みか)　ねえ。このスカートどう？ ユナに似合(にあ)いそうだけど。

ユナ　短(みじか)すぎじゃない？

美香　今(いま)これが流行(はや)りなんだって。はいてみたら？

スカートをはいてみてから

店員(てんいん)　お客様(きゃくさま)、いかがでしょうか。

ユナ　デザインも気(き)に入(い)りましたし、サイズもぴったりですね。
これにします。

店員　お支払(しはら)いはどうなさいますか。

ユナ　一括払(いっかつばら)いでお願(ねが)いします。美香は何(なに)か買(か)わないの？

美香　私(わたし)も気に入っているワンピースがあるんだけど。
昨日(きのう)も買(か)い物(もの)しちゃったし、やっぱりやめる。

ユナ　そっか。じゃ、我慢(がまん)しないとね。

スカート 스커트 | 今(いま) 지금 | 流行(はや)り 유행 | はく (하의를) 입다 | 店員(てんいん) 점원 | お客様(きゃくさま) 손님 | デザイン 디자인 | 気(き)に入(い)る 맘에 들다 | サイズ 사이즈 | ぴったり 딱, 빈틈없이 딱 들어맞는 모양 | お支払(しはら)い 지불 | 一括払(いっかつばら)い 일시불 | ワンピース 원피스 | やっぱり 역시 | やめる 그만두다 | そっか 그렇구나(맞장구 표현)

미카　저기 있잖아. 이 치마 어때? 유나에게 잘 어울릴 것 같은데.

유나　너무 짧지 않아?

미카　지금 이게 유행이래. 입어 봐.

스커트를 입어 보고 나서

점원　손님, 어떠세요?

유나　디자인도 맘에 들었고, 사이즈도 딱 맞네요.
이걸로 할게요.

점원　지불은 어떻게 하시겠어요?

유나　(카드로) 일시불로 해 주세요.
미카는 뭐 안 사?

미카　나도 맘에 드는 원피스가 있는데.
어제도 쇼핑해 버렸고, 역시 안 살래.

유나　그렇구나. 그럼, 참아야 되겠네.

Plus

ねえ

친한 사이에서 상대방에게 말을 걸 때 상대방의 주의를 자기 쪽으로 끌기 위해 하는 말이에요. 친하지 않은 사람일 경우에는 すみません이라고 말을 걸어야 합니다.

はく

일본어에는 '입다'라는 동사가 두 가지 있는데 재킷, 블라우스 등과 같은 '상의를 입다'는 着(き)る 동사를 쓰고, 바지, 스커트와 같은 '하의를 입다'는 はく 동사를 씁니다. 또한 구두, 양말을 '신다'도 はく 동사를 씁니다.

～たら

문장 끝에 오는 ～たら는 뒤의 どう가 생략된 형태로, '～하면 어때?'라는 상대방에게 가볍게 권하는 반말체 표현입니다.

一括払い(いっかつばらい)

'일시불'이라는 뜻으로, 一括(일괄)라는 명사와 払(はら)う(지불하다)라는 동사가 합쳐진 복합 명사입니다. 뒤에 오는 払う의 탁음화에 주의하세요.

유나의 일기

'ユナの日記'

MP3_05_06

美香と一緒にお買い物。

今日は美香と買い物に行った。やっぱり東京は買い物天国だから、かわいい服がたくさんあった。美香が私に似合いそうだと言って、短いスカートを勧めた。私は韓国でも短いスカートをはかなかったから、はじめは迷ったが、最近ここで流行りだと言うから、思い切ってはいてみた。デザインもいいし、サイズもぴったりだった。美香はお気に入りのワンピースはあるけど、昨日も買い物をしたから今日は我慢すると言った。私も当分買い物は我慢しよう。

오늘은 미카와 쇼핑하러 갔다. 역시 도쿄는 쇼핑의 천국이라서 예쁜 옷들이 많았다. 미카가 나에게 잘 어울릴 것 같다며 미니스커트를 권했다. 나는 한국에서도 짧은 치마를 안 입었기 때문에 처음에는 망설였지만, 요즘 여기서 유행이라고 하니까 큰맘 먹고 입어 보았다. 디자인도 좋고, 사이즈도 꼭 맞았다. 미카는 맘에 드는 원피스는 있지만, 어제도 쇼핑을 했기 때문에 오늘은 참는다고 했다. 나도 당분간 쇼핑은 자제해야지!

一緒(いっしょ)に 함께, 같이 | 天国(てんごく) 천국 | かわいい 귀엽다 | 服(ふく) 옷 | 勧(すす)める 권하다, 추천하다 | はじめは 처음에는 | 迷(まよ)う 헤매다, 망설이다 | 最近(さいきん) 최근, 요즘 | 思(おも)い切(き)って 큰맘 먹고 | 当分(とうぶん) 당분간

目黒めぐろ 메구로

▲ 국립과학박물관 부속 자연교육원

도심 속 오아시스

도쿄의 시나가와 구品川区しながわく에 위치한 메구로는, JR 야마노테선을 포함한 4개의 선로가 지나가는 교통의 요충지이자 고급 주택가입니다. 메구로의 한복판에는 국립과학박물관 부속 자연교육원国立科学博物館附属自然教育園こくりつかがくはくぶつかんふぞくしぜんきょういくえん이 자리를 잡고 있어서 도심의 오아시스 역할을 해요. 키 큰 나무들이 20헥타르 크기의 울창한 숲을 이루고 있어서 상쾌한 공기를 마시며 산책을 즐길 수 있습니다.

플라티나 거리

국립과학박물관 부속 자연교육원 옆에는 도쿄 도 정원 미술관東京都庭園美術館とうきょうとていえんびじゅつかん이 있어서 아름다운 정원과 함께 예술 작품도 구경할 수 있고, 반대 방향으로는 부잣집 사모님들이 즐겨 찾는 플라티나 거리プラチナ通どおり도 둘러볼 수 있어요. 플라티나 거리는 유럽풍으로 장식된 건물이 많은 거리로 패션 부티크, 서양 요리 및 양과자를 판매하는 가게가 많아서 서울의 서래 마을과 비슷한 분위기예요.

▲ 플라티나 거리

시로가네제

이 지역의 이름이 시로카네다이白金台しろかねだい라서 플라티나 거리에서 시간을 보내는 부잣집 사모님들을 시로가네제シロガネーゼ라고 불러요. 일본 주부들이 동경하는 시로가네제처럼 플라티나 거리의 예쁜 레스토랑에 들어가서 우아하게 런치도 즐기고, 느긋하게 산책도 해 보세요. 누구나가 다 가는 유명 관광지만 도는 여행보다 도쿄의 숨겨진 멋을 음미하는 재미를 느낄 수 있을 거예요.

▲ 시로카네다이에서 맛본 파스타

今日からお宅で
ホームステイする
ことになりました。
日本の料理を
食べたことがある?
冷めないうちに
どうぞ。
TEA HOUSE
POST
TEA HOUSE
NOTICE

PART 06

설레는 홈스테이의 시작

- **~ことになる**
  ~하게 되다
- **~たことがある**
  ~한 적이 있다
- **~かどうか**
  ~일지 어떨지
- **~うちに**
  ~하는 동안에

© Tong Yan song / Shutterstock.com

핵·심·문·형

01 今日(きょう)から お宅(たく)で ホームステイすることになりました。

오늘부터 댁에서 홈스테이를 하게 되었습니다.

お宅(たく) 댁 (상대편의 집, 가정의 높임말)

ホームステイ 홈스테이

会社(かいしゃ) 회사

辞(や)める 그만두다

～ことになる ～하게 되다

「동사 기본형＋ことになる」는 '～하게 되다'라는 뜻으로, 외부적 요인에 의한 필연적 결정을 나타내는 표현입니다. 자동사 決(き)まる(결정되다)의 ～ことに決まる '～하기로 결정되다'와 같은 뜻이 되겠죠. 위 문장에서도 홈스테이라는 것은 본인의 의지만으로는 결정할 수 없고, 호스트 가정의 승낙이라는 외부적인 요인이 작용해야만 결정될 수 있는 사항이니까 ホームステイすることになりました가 된 거죠.

비슷한 표현으로 「동사 기본형＋ことにする」가 있는데, 이 표현은 본인의 의지로 결정한 사항을 나타낼 때 씁니다. 해석은 '～하기로 하다' 입니다.(132쪽 참고)

예 会社(かいしゃ)を辞(や)めることになりました。

회사를 그만두게 되었습니다. (회사나 외부적인 요인들로 인해 결정된 사항)

会社を辞めることにしました。

회사를 그만두기로 했습니다. (본인의 의지로 그만두기로 결정한 사항)

02 日本(にほん)の料理(りょうり)を 食(た)べたことが ある？

일본 요리를 먹은 적 있어?

日本料理(にほんりょうり) 일본 요리
羊(ひつじ)の肉(にく) 양고기

～たことがある ～한 적이 있다

こと는 '일, 사실, 경우'라는 뜻의 명사로, 동사의 과거형인 た형에 접속하면 ～たことがある '～한 적이 있다'라는 과거 경험을 나타내는 표현이 됩니다. ～たことがある의 끝을 살짝 올리면 '～한 적이 있어?'라는 반말체 의문문이 되고, 정중체는 ～たことがあります(か)입니다. '～한 적이 없다'라는 부정 표현은 ～たことがない입니다. 정중체는 ～たことがありません이 되겠죠. 회화체에서는 조사 が를 생략하는 경우가 많습니다.

예 A 羊(ひつじ)の肉(にく)を食べたことがある？ 양고기를 먹은 적 있어?

B 羊の肉は食べたことがない。 양고기는 먹은 적이 없어.

핵·심·문·형

03 お口(くち)に 合(あ)うか どうか…。

입맛에 맞을지 어떨지….

口(くち) 입, 입맛
合(あ)う 맞다, 일치하다
知(し)る 알다
本当(ほんとう) 정말, 진짜

~かどうか ~일지 어떨지

의문사를 포함하지 않은 의문문을 문장 속에 포함시킬 경우, 「보통체+かどうか」 문형을 씁니다. '~일지 어떨지, ~인지 아닌지'라는 뜻으로, 뒤에 わかりません이나 知(し)りません 같은 말과도 자주 어울려 쓰입니다.

예 その話(はなし)は本当(ほんとう)かどうかわかりません。 그 얘기는 정말인지 어떤지 모르겠어요.

田中(たなか)さんが来(く)るかどうかわかりません。 다나카 씨가 올지 어떨지 모르겠어요.

위 문장에서 口(くち)에 お가 붙어서 정중한 표현이 됐어요.
위 문장에서 '입맛에 맞을지 어떨지 모르겠다'의 わかりません이 생략된 것처럼 ~かどうか 문형으로 문장을 끝내는 경우도 있답니다.

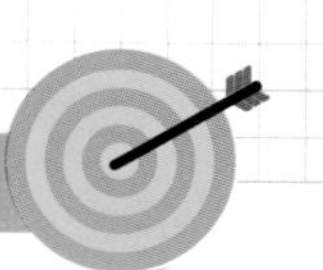

04 冷(さ)めないうちに どうぞ。
식기 전에 드세요.

冷(さ)める 식다
ここ 요즘, 최근
数年(すうねん) 몇 년
けっこう 꽤, 상당히
変(か)わる 변하다, 다르다
雨(あめ)が降(ふ)る 비가 내리다
間(あいだ) 사이, 동안
レポート 리포트, 보고서
まとめる 정리하다
~ておく ~해 두다
つもり 생각, 작정

~うちに ~하는 동안에

~うちに / ~ないうちに는 '~동안에(사이에)/~하지 않는 동안에(~하기 전에)'라는 뜻으로, 진행형을 써서 ~ているうちに '~하고 있는 사이에'의 형태로도 많이 쓰입니다.

예 日本語(にほんご)の勉強(べんきょう)をしているうちに日本語が上手(じょうず)になりました。
일본어 공부를 하고 있는 사이에 일본어가 능숙하게 되었습니다.

ここ数年(すうねん)のうちにソウルもけっこう変(か)わりましたね。
요 몇 년 사이에 서울도 꽤 변했네요.

雨(あめ)が降(ふ)らないうちに、家(いえ)に帰(かえ)った方(ほう)がいいですよ。
비가 오기 전에, 집에 돌아가는 편이 좋아요.

冷めないうちに는 직역하면 '식지 않을 동안'이지만, 자연스럽게 '식기 전에'라고 해석하는 것이 좋겠죠. 참고로 ~ないうちに는 ~する前(まえ)に '~하기 전에'로 바꿔 말할 수 있어요. 하지만 ~ないうちに 쪽이 일본어에서 더 자연스러운 표현입니다.

うちに와 비슷한 의미의 단어로 間(あいだ)가 있는데, うちに는 '시작과 끝이 정해져 있지 않은 기간 내에'라는 의미인 반면 間는 '시작과 끝이 정해져 있는 기간'이라는 의미로 쓰입니다.

예 今日(きょう)のうちに、レポートをまとめておくつもりだ。(○)
오늘 중에 리포트를 정리해 둘 생각이다.

今日の間に、レポートをまとめておくつもりだ。(×)

문·형·연·습

01 MP3_06_01

今日(きょう)からお宅(たく)でホームステイすることになりました。

오늘부터 댁에서 홈스테이를 하게 되었습니다.

① 夫(おっと)と離婚(りこん)する
② 友達(ともだち)と一緒(いっしょ)に住(す)む
③ 福岡支店(ふくおかしてん)に転勤(てんきん)する
④ アメリカへ留学(りゅうがく)する

夫(おっと) 남편 | 離婚(りこん)する 이혼하다 | 友達(ともだち) 친구 | 住(す)む 살다, 거처하다 | 福岡(ふくおか) 후쿠오카(지명, 일본 규슈 지역 8개 현 중의 하나) | 支店(してん) 지점 | 転勤(てんきん)する 전근하다 | アメリカ 미국 | 留学(りゅうがく)する 유학하다

02 MP3_06_02

日本(にほん)の料理(りょうり)を食(た)べたことがある？

일본 요리를 먹은 적 있어?

① イタリアへ行(い)く
② お見合(みあ)いする
③ 前(まえ)に田中(たなか)さんに会(あ)う
④ 外国人(がいこくじん)と付(つ)き合(あ)う

イタリア 이탈리아 | お見合(みあ)いする 맞선 보다 | 前(まえ)に 전에, 예전에 | 外国人(がいこくじん) 외국인 | 付(つ)き合(あ)う 교제하다, 어울리다

03 MP3_06_03

お口(くち)に合(あ)うかどうか…。

입맛에 맞을지 어떨지….

① 会社(かいしゃ)を休(やす)む
② 残業(ざんぎょう)をする
③ 好(す)きな人(ひと)に告白(こくはく)をする
④ スピーチコンテストに出(で)る

残業(ざんぎょう) 잔업 | 告白(こくはく) 고백 | スピーチ 스피치, 연설 | コンテスト 콘테스트, 경연회

04 MP3_06_04

冷(さ)めないうちにどうぞ。

식기 전에 드세요.

① 20代(だい) / 結婚(けっこん)したい
② 明(あか)るい / 帰(かえ)らないと
③ 若(わか)い / お金(かね)を貯(た)めよう
④ 寝(ね)ている / 地震(じしん)があったみたい

~代(だい) ~대(연령의 범위) | 結婚(けっこん)する 결혼하다 | 明(あか)るい 밝다 | 若(わか)い 젊다, 어리다 | 貯(た)める (돈을) 모으다 | 地震(じしん) 지진 | ~みたいだ ~인 것 같다

실·전·회·화

MP3_06_05

● 홈스테이를 하게 된 유나. 맘씨 좋은 주인 아주머니와 꽃미남 아들까지 만나게 되는데….

ユナ　キム・ユナです。今日(きょう)からお宅(たく)でホームステイすることになりました。よろしくお願(ねが)いします。

杉本(すぎもと)　こちらこそよろしくお願いします。
こちらはうちの息子(むすこ)、良(りょう)です。

良(りょう)　はじめまして。杉本良(すぎもとりょう)です。よろしく！

杉本　韓国(かんこく)でも日本(にほん)の料理(りょうり)を食(た)べたことがある？

ユナ　日本の食(た)べ物(もの)が好(す)きでよく食べに行(い)ってました。

杉本　じゃ、よかったね。
これすき焼(や)きだけどお口(くち)に合(あ)うかどうか…。

ユナ　すき焼きって韓国のプルコギみたいなものですよね。

杉本　そうです。冷(さ)めないうちにどうぞ。

ユナ　おいしそう。いただきます。

こちらこそ 저야말로 | うちの～ 우리～ | 息子(むすこ) 아들 | よく 자주, 잘 | ～に行(い)く ～하러 가다 | すき焼(や)き 스키야키(일본의 전골 요리) | プルコギ 불고기

유나　김유나입니다. 오늘부터 댁에서 홈스테이를 하게 되었습니다. 잘 부탁합니다

스기모토　저야말로 잘 부탁해요.
이쪽은 우리 아들인 료예요.

료　처음 뵙겠습니다. 스기모토 료입니다.
잘 부탁해요!

스기모토　한국에서도 일본 요리를 먹은 적 있어?

유나　일본 음식을 좋아해서 자주 먹으러 갔었어요.

스기모토　그럼 잘됐네.
이거 스키야키인데, 입맛에 맞을지 어떨지….

유나　스키야키는 한국의 불고기 같은 거죠?

스기모토　맞아요. 식기 전에 드세요.

유나　맛있겠다. 잘 먹겠습니다.

うち

'자신이 소속해 있는 곳, 또는 집'이라는 뜻으로 うちの~ '우리~'의 형태로 쓰입니다. 일반적인 집을 말할 때는 家(いえ)라고 하며 자신의 집을 이야기할 때는 うち라고 합니다.

行(い)ってました

원래는 行っていました '갔었습니다'라는 과거 진행형인데, 회화체에서는 い가 빠지는 경우가 많습니다.

よね

종조사 よ와 ね가 합쳐진 형태로, 자신이 알고 있는 사실을 강조하거나 '나는 그렇게 알고 있는데 맞죠?'라고 상대방에게 확인하는 뉘앙스를 나타냅니다. 꽤 확신하고 있는 경우에 쓰는 표현입니다.

いただきます

もらう(받다)의 겸양 표현인 いただく에서 나온 말로, '잘 먹겠습니다'라는 뜻의 관용적 표현입니다.

유나의 일기

'ユナの日記'

お世話(せわ)になります！

今日(きょう)から日本人(にほんじん)の家庭(かてい)でホームステイすることになった。日本に着(つ)いてから、どんな人(ひと)たちと生活(せいかつ)することになるか、気(き)になっていた。ここに着くと、やさしそうなおばさんと良(りょう)という息子(むすこ)が、私(わたし)を親切(しんせつ)に迎(むか)えてくれた。かなりのイケメンで、胸(むね)がドキドキした。私と同(おな)い年(どし)でもあるから、日本にいる間(あいだ)、仲良(なかよ)くしよう。今日の夕飯(ゆうはん)のメニューはすき焼(や)きだった。韓国(かんこく)でも日本の料理(りょうり)を食(た)べたことがあるけど、すき焼きという家庭料理は、はじめて食べた。韓国のプルコギみたいな料理で、口(くち)にも合(あ)っておいしかった。これから、ここで生(い)きた日本語(にほんご)を覚(おぼ)えて、日本の文化(ぶんか)も身(み)につけよう。

오늘부터 일본인 가정에서 홈스테이를 하게 되었다. 일본에 도착한 이후 어떤 사람들과 생활하게 될지 궁금했었다. 이곳에 도착하자 맘씨 좋아 보이는 아주머니와 료라는 이름의 아들이 나를 친절하게 맞아 주었다. 꽤 멋있어서 가슴이 두근거렸다. 나와 동갑내기이기도 하니까 일본에 있는 동안 친하게 지내야겠다. 오늘 저녁 메뉴는 스키야키였다. 한국에서도 일본 요리를 먹어 본 적이 있지만, 스키야키라는 가정 요리는 처음 먹어 보았다. 한국의 불고기 같은 요리로 입맛에도 맞고 맛있었다. 앞으로 이곳에서 생생한 일본어를 배우고, 일본의 문화도 익혀야지.

世話(せわ)になる 신세를 지다 | 家庭(かてい) 가정 | 着(つ)く 도착하다 | 生活(せいかつ)する 생활하다 | 気(き)になる 궁금하다 | やさしい 착하다, 상냥하다 | おばさん 아주머니 | 親切(しんせつ)だ 친절하다 | 迎(むか)える (찾아온 사람 등을) 맞이하다, 마중하다 | かなり 꽤, 상당히 | イケメン 잘생긴 남자 | 胸(むね) 가슴 | ドキドキする (기대나 설렘으로) 두근거리다 | 同(おな)い年(どし) 동갑 | 仲良(なかよ)く 사이 좋게 | 夕飯(ゆうはん) 저녁밥 | メニュー 메뉴 | はじめて 처음으로, 최초로 | これから 지금부터, 앞으로 | 生(い)きる 생생하다 | 覚(おぼ)える 기억하다, 익히다 | 文化(ぶんか) 문화 | 身(み)につける (학문, 기술 등을) 익히다, 습득하다

Nekoken の ちょこっと 東京サンポ

三軒茶屋 さんげんぢゃや 산겐자야

▲ 산겐자야의 풍경

세 개의 찻집

산겐자야는 에도 시대에 찻집 세 곳 「信楽」, 「角屋」, 「田中屋」가 나란히 늘어서 있었던 것에서 유래되어 '3개의 찻집'이라는 뜻의 멋진 이름이 붙은 지역입니다. 산겐자야라는 긴 지명을 줄여서 흔히 산차三茶라고 부르는데, 편리한 교통과 상업 시설, 평온한 분위기 때문에 지유가오카自由が丘 및 기치조지吉祥寺와 함께 도쿄에서 인기 많은 주택가 중 하나예요.

영화 속 산겐자야

시부야渋谷에서 전차로 5분도 안 걸리는 데다, 도회적이면서도 전원적인 풍경이 펼쳐지는 특유의 분위기 때문에 일본의 소설, 만화, 드라마, 영화의 배경에 단골로 등장합니다. 일본 드라마 「すいか(수박, 2003)」, 「真夜中のパン屋さん(한밤중의 베이커리, 2013)」, 「パンとスープとネコ日和(빵과 수프, 고양이와 함께하기 좋은 날, 2013)」 등이 산겐자야를 포함한 세타가야 구世田谷区에서 촬영되었어요.

▲ 카페 마메히코

▲ 세타가야 공원의 미니 SL

즐길 거리가 가득!

증기 기관차 실물이 전시되어 있는 세타가야 공원世田谷公園도 산겐자야의 인기 장소 중 하나로, 앙증맞은 미니 SL도 탈 수 있습니다. 잠시 쉬어 가고 싶으면 산겐자야에서 시작되어 유명해진 「카페 마메히코カフェ マメヒコ」에 들러 보세요. 다양한 콩을 재료로 한 커피, 디저트, 건강한 식사류 등을 판매하는 곳이라 몸과 마음 모두 정화되는 기분이 들어요.

漢字の勉強を
一生懸命したのに。
学生証を作るには
写真が必要ですが。
プレースメントテストを
受けなくてはいけません。
Language Cente
後(あと)で
ておく
とても
welcome!

PART 07

어학원에 등록하다

- **～には**

  ～하려면

- **～なくてはいけない**

  ～해야 된다

- **～のに**

  ～할 터인데, ～인데도

- **～ようにする**

  ～하도록 하다

© TK Kuritowa / Shutterstock.com

핵·심·문·형

01 学生証(がくせいしょう)を 作(つく)るには 写真(しゃしん)が 必要(ひつよう)ですが。

학생증을 만들려면 사진이 필요합니다만.

～には ～하려면

「동사 기본형＋には」는 '～하려면, ～하기에는'이라는 뜻입니다.

예 外国(がいこく)に行(い)くにはパスポートが必要です。 외국에 가려면 여권이 필요해요.

まだあきらめるには早(はや)いと思(おも)いますよ。 아직 포기하기에는 이르다고 생각해요.

必要だ는 '필요하다'라는 な형용사로, 같은 뜻의 要(い)る 동사(예외 1그룹)도 있지만 必要だ(한자어) 쪽이 더 정중한 표현이에요.

예 ビザを取(と)るには何(なに)が要りますか。 비자를 받으려면 무엇이 필요합니까?

学生証(がくせいしょう) 학생증
作(つく)る 만들다
写真(しゃしん) 사진
必要(ひつよう)だ 필요하다
外国(がいこく) 외국
パスポート 여권
あきらめる 포기하다, 단념하다
早(はや)い (시간적으로) 이르다, 빠르다
思(おも)う 생각하다
ビザを取(と)る 비자를 받다
要(い)る 필요하다

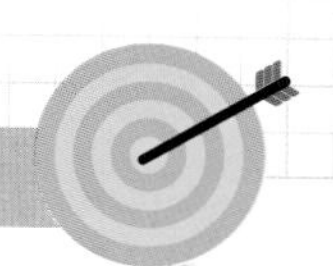

02 プレースメントテストを 受(う)けなくてはいけません。

반 편성 테스트를 봐야 됩니다.

プレースメントテスト 반 편성 테스트 (placement test)

受(う)ける 받다, (시험을) 보다

そろそろ 슬슬

もう 이제, 벌써

~なくてはいけない ~해야 된다

~なくてはいけません은 ~なければなりません과 같은 뜻으로 '~하지 않으면 안 된다, ~해야 된다'라는 당연, 의무를 나타내는 경우에 쓰는 표현입니다.

예 そろそろ、帰(かえ)らなくてはいけません。 슬슬, (집에) 돌아가야 돼요.

PART 04에서 배운 ~なきゃ가 ~なければ의 축약형이라면, ~なくては의 축약형은 ~なくちゃ입니다.

예 プレースメントテストを受けなくてはいけません。

= プレースメントテストを受けなくちゃいけません。

뒤의 いけません을 빼면 반말체가 됩니다.

예 プレースメントテストを受けなくちゃ。 반 편성 시험을 봐야 돼.

もう8時だ。早く行かなくちゃ。 벌써 8시다. 빨리 가야 돼.

우리말에서는 '시험을 보다'라고 하지만 일본어에서는 見(み)る가 아니라 受ける를 써서 표현합니다.

예 テストを受ける 시험을 보다

cf) テストに受かる 시험에 붙다, 합격하다

핵·심·문·형

03 漢字(かんじ)の勉強(べんきょう)を 一生懸命(いっしょうけんめい) したのに、 なかなか 読(よ)めなかったんです。

한자 공부를 / 열심히 / 했는데도, / 좀처럼 / 읽을 수가 없었어요.

漢字(かんじ) 한자
一生懸命(いっしょうけんめい) 열심히
なかなか 좀처럼(부정)
休(やす)み 휴식, 휴일
パーティー 파티
約束(やくそく) 약속
結局(けっきょく) 결국

～のに ～할 터인데, ～인데도

접속 방법은 「동사 보통체 / い형용사＋のに」, 「명사 / な형용사의 어간＋なのに」입니다. 앞의 내용으로 미루어 볼 때 '당연히 예상되는 일에 대해' 예상 밖의 결과가 뒤에 오는 경우에 씁니다. 위 문장에서 말하는 사람은, '공부를 많이 했기 때문에 한자를 잘 읽을 수 있을 것'이라고 기대하고 있었는데 그렇게 되지 못한 마음을 ～のに로 표현한 것이죠.

예 今日(きょう)は休(やす)みなのに、仕事(しごと)しなきゃいけないんです。
오늘은 쉬는 날인데, 일해야 하거든요. (쉬는 날인데, 일을 해야 하기 때문에 のに로 연결해서 불만감을 나타냄)

彼(かれ)は一緒(いっしょ)にパーティーに行(い)くって約束(やくそく)したのに、結局(けっきょく)来(こ)なかった。
그는 같이 파티에 간다고 약속했는데, 결국 오지 않았다.
(파티에 같이 간다고 약속했던 그가 나타나지 않았기 때문에 のに로 안 좋은 감정을 나타냄)

なかなか는 긍정문에 쓰일 때와 부정문에 쓰일 때 그 의미가 달라져서 해석을 할 때 주의를 해야 합니다. 긍정문에서는 '꽤, 상당히'라는 뜻이고, 부정문에서는 '좀처럼'이라는 뜻이에요.

예 この本(ほん)はなかなか難(むずか)しい。 이 책은 꽤 어렵다.

なかなか来ないですね。 좀처럼 오지 않네요.

04 遅(おく)れないように してください。

늦지 않도록 해 주세요.

～ようにする ～하도록 하다

「동사+ようにする」는 '～하도록 하다, ～하려고 하다'라는 의도나 노력을 나타내는 표현으로, 주로 ～するように / ～ないようにしてください 형태를 써서 '～하도록/～하지 않도록 해 주세요'라는 요청의 뜻을 나타냅니다.

❶ 계속적인 행동에 관한 요청

これから、ダイエットするようにしてください。

앞으로 다이어트하도록 하세요.

❷ 단 한 번의 노력의 요청

明日(あした)の会議(かいぎ)、絶対(ぜったい)に遅(おく)れないようにしてください。

내일 회의, 절대로 늦지 않도록 해 주세요.

! ように 뒤에 する 동사 외에 다른 동사가 올 수 있다는 것도 알아 두세요.

예 太(ふと)らないようにいつも気(き)をつけています。

살찌지 않도록 항상 조심하고 있어요.

試験(しけん)に合格(ごうかく)するように頑張(がんば)ってください。

시험에 합격하도록 노력해 주세요.

- 遅(おく)れる 늦다
- これから 지금부터, 앞으로
- ダイエットする 다이어트하다
- 会議(かいぎ) 회의
- 絶対(ぜったい)に 절대로
- 太(ふと)る 살찌다
- いつも 항상, 늘
- 気(き)をつける 조심하다, 주의하다
- 試験(しけん) 시험
- 合格(ごうかく)する 합격하다
- 頑張(がんば)る 노력하다, 분발하다

01 MP3_07_01

学生証(がくせいしょう)を作(つく)るには写真(しゃしん)が必要(ひつよう)ですが。

학생증을 만들려면 사진이 필요합니다만.

① 予約(よやく)をする / 予約金(よやくきん)
② 返品(へんぴん)する / レシート
③ 歌舞伎(かぶき)を見(み)る / チケット
④ ビザを更新(こうしん)する / パスポート

予約(よやく) 예약 | 予約金(よやくきん) 예약금 | 返品(へんぴん)する 반품하다 | レシート 리시트, 영수증 | 歌舞伎(かぶき) 가부키(일본 특유의 민중 연극) | チケット 티켓 | 更新(こうしん)する 갱신하다

02 MP3_07_02

プレースメントテストを受(う)けなくてはいけません。

반 편성 테스트를 봐야 됩니다.

① 今(いま)から出(で)かける
② テストの勉強(べんきょう)をする
③ 空港(くうこう)へ友達(ともだち)を迎(むか)えに行(い)く
④ 明日(あした)までレポートを書(か)く

今(いま)から 지금부터, 이제부터 | 出(で)かける 외출하다 | 空港(くうこう) 공항 | 迎(むか)える 맞이하다, 마중하다 | レポート 리포트, 보고서

03 MP3_07_03

漢字(かんじ)の勉強を一生懸命(いっしょうけんめい)したのに、なかなか読(よ)めなかったんです。

한자 공부를 열심히 했는데도, 좀처럼 읽을 수가 없었어요.

① ボタンを押(お)した / コーヒーが出ない

② 薬(くすり)を飲(の)んでいる / 風邪(かぜ)がよく治(なお)らない

③ 30分(ぶん)も待(ま)っている / タクシーが来(こ)ない

④ スイッチを入(い)れた / パソコンが動(うご)かない

ボタン 버튼 | 押(お)す 누르다 | 薬(くすり)を飲(の)む 약을 먹다 | 風邪(かぜ) 감기 | よく 자주, 잘 | 治(なお)る (병이) 낫다 |
スイッチを入(い)れる 스위치를 넣다 | パソコン 퍼스널 컴퓨터 | 動(うご)く 움직이다, 작동하다

04 MP3_07_04

遅(おく)れないようにしてください。

늦지 않도록 해 주세요.

① 毎日(まいにち)、運動(うんどう)する

② 甘(あま)いものを食(た)べない

③ 会議(かいぎ)の時間(じかん)に遅れない

④ 絶対(ぜったい)に、パスポートをなくさない

毎日(まいにち) 매일 | 運動(うんどう)する 운동하다 | 甘(あま)い (맛이) 달다 | なくす 잃어버리다, 분실하다

실·전·회·화

MP3_07_05

- 오늘은 어학원에 등록하러 가는 날. 반 편성 테스트가 있을 거라는 말에 유나는 긴장을 하는데….

ユナ　新学期(しんがっき)の登録(とうろく)に来(き)たんですけど。

担当者(たんとうしゃ)　登録申込(もうしこ)み書(しょ)に記入(きにゅう)してください。それと、学生証(がくせいしょう)を作(つく)るには写真(しゃしん)が必要(ひつよう)ですが。今(いま)持(も)っていますか。

ユナ　今は持ってないので今度(こんど)でいいですか。

担当者　はい、かまいません。今日(きょう)はプレースメントテストを受(う)けなくてはいけませんので。こちらへどうぞ。

テストを受けた後(あと)

担当者　テストはどうでしたか。

ユナ　別(べつ)に難(むずか)しくはなかったですけど、漢字(かんじ)の勉強(べんきょう)を一生懸命(いっしょうけんめい)したのに、なかなか読(よ)めなかったんです。

担当者　点数(てんすう)によって、クラスが分(わ)かれますが、キムさんの点数だと中級(ちゅうきゅう)のクラスになります。

ユナ　そうですか。じゃ、授業(じゅぎょう)はいつから始(はじ)まりますか。

担当者　来月(らいげつ)の5日(いつか)から授業が始まるので時間(じかん)に遅(おく)れないようにしてください。

ユナ　わかりました。失礼(しつれい)します。

新学期(しんがっき) 신학기 | 登録(とうろく) 등록 | 担当者(たんとうしゃ) 담당자 | 申込(もうしこ)み書(しょ) 신청서 | 記入(きにゅう)する 기입하다 | 持(も)つ 들다, 지니다 | 今度(こんど) 이번, 다음 | かまう 상관하다, 마음 쓰다 | 別(べつ)に 특별히, 별로 | 点数(てんすう) 점수 | ～によって ～에 의해서 | クラス 클래스, 반 | 分(わ)かれる 나눠지다, 갈리다 | 中級(ちゅうきゅう) 중급 | 授業(じゅぎょう) 수업 | いつから 언제부터 | 来月(らいげつ) 다음 달 | 失礼(しつれい)する 실례하다

유나　신학기 등록하러 왔는데요.

담당자　등록 신청서에 기입해 주세요. 그리고 학생증을 만들려면 사진이 필요합니다만. 지금 가지고 있나요?

유나　지금은 안 가지고 있는데, 다음번에 가져와도 될까요?

담당자　네, 상관없습니다. 오늘은 반 편성 테스트를 봐야 되니까요. 이쪽으로 오세요.

테스트를 본 후

담당자　테스트는 어땠나요?

유나　별로 어렵지는 않았는데, 한자 공부를 열심히 했는데도, 좀처럼 읽을 수가 없었어요.

담당자　점수에 따라서 반이 나눠지는데, 유나 씨의 점수라면 중급 클래스가 될 거예요.

유나　그래요? 그럼, 수업은 언제부터 시작되나요?

담당자　다음 달 5일부터 수업이 시작되니까, 시간에 늦지 않도록 해 주세요.

유나　알겠어요. 이만 실례하겠습니다.

Plus

持(も)っている

持つ는 '(손에) 들다, 소유하다'라는 뜻이 있기 때문에 持っている도 '손에 들고 있다', '가지고 있다' 이 두 가지 의미를 나타냅니다. ~ている의 い는 회화체에서는 빠지는 경우가 많습니다.

今度(こんど)

'이번'과 '다음번'이라는 두 가지 뜻으로 쓰입니다.

別(べつ)に

뒤에 부정 표현이 수반되어서 '별로 ~않다, 특별히 ~않다'라는 뜻으로 쓰이며, 부정어가 수반되지 않고 단독으로 어떤 물음에 대한 부정 대답(별로)으로 쓰이기도 합니다.

失礼(しつれい)します

직역하면 '실례하겠습니다'이지만, 헤어질 때 '이만 가보겠습니다'라는 인사로도 씁니다.

유나의 일기

‘ユナの日記’

日本語学校に登録した。

今日は日本語学校に登録に行った。学生証を作るには写真が必要だったが、持っていなくて、あとで出すことにした。クラスを分けるにはプレースメントテストを受けなくちゃいけないと言われたので、テストを受けた。漢字の勉強をしたのに、ちょっと緊張しちゃってなかなか読めなかった。幸い、初級クラスじゃなくて中級クラスになった。来月から授業が始まるから、その前に漢字の勉強をしておこう。どんな人たちと同じクラスになるか気になる。いろんな国から来るだろう。これからの学校生活がとても楽しみだ。

오늘은 일본어 학교에 등록하러 갔다. 학생증을 만들려면 사진이 필요했지만, 가지고 있지 않아서 나중에 내기로 했다. 반을 나누려면 반 편성 테스트를 봐야 된다고 해서 시험을 봤다. 한자 공부를 했는데도, 좀 긴장돼서 좀처럼 읽을 수가 없었다. 다행히, 초급반이 아닌 중급반이 되었다. 다음 달부터 수업이 시작되니까, 그 전에 한자 공부를 해 둬야지. 어떤 사람들과 같은 반이 될지 궁금하다. 여러 나라에서 오겠지? 앞으로의 학교 생활이 너무 기대된다.

日本語学校(にほんごがっこう) 일본어 학교 | あとで 나중에 | 出(だ)す 내다, 제출하다 | 分(わ)ける 나누다, 가르다, 분배하다 | ~と言(い)われる ~라고 듣다 (言う의 수동 표현) | 緊張(きんちょう)する 긴장하다 | 幸(さいわ)い 다행히 | 初級(しょきゅう) 초급 | ~になる ~이 되다, ~해지다 | ~ておく ~해 두다 | 同(おな)じだ 같다 | 気(き)になる 궁금하다 | いろんな 여러 가지의, 다양한 | ~だろう ~이겠지 | 生活(せいかつ) 생활 | 楽(たの)しみ 기대, 즐거움

Nekoken の ちょこっと

人形町 にんぎょうちょう 닌교초

▲ 모리노엔

고독한 미식가

닌교초는 본래 안전한 출산을 기원하는 신사인 스이텐 궁水天宮(すいてんぐう)을 중심으로 전통 수공예를 하는 장인들이 모여 살던 전통 상점가였는데, 일본의 대표적인 먹방 드라마 「孤独(こどく)のグルメ(고독한 미식가, 2012~2016)」에서 주인공인 五郎(ごろう)さん이 열연을 펼친 덕분에 지금은 맛있는 먹거리가 많은 곳으로 더 유명해졌습니다.

호지차와 도쿄 3대 붕어빵

드라마에서 五郎さん이 찾았던 맛집은 호지차ほうじ茶(ちゃ) 전문점인 「모리노엔森乃園(もりのえん)」과 일본식 튀김 전문점인 「덴푸라 나카야마天(てん)ぷら中山(なかやま)」입니다. 녹차를 볶아서 고소하게 만든 호지차는 카페인 함량이 적어서 수시로 마시기 좋고, 달콤한 일본 전통 디저트와도 잘 어울려요. 「모리노엔」 앞에는 도쿄 3대 붕어빵 가게 중 하나로 꼽히는 「야나기야柳屋(やなぎや)」가 있어요. 하나씩 직화로 구워서 파는데 적당히 달콤한 팥소의 맛도 좋지만, 바삭하면서도 고소한 빵이 깜짝 놀랄 만큼 맛있어요.

▲ 야나기야의 붕어빵

바삭한 튀김 덮밥

▲ 덴푸라 나카야마의 덮밥

五郎さん이 촬영을 마친 후에도 그 맛이 자꾸 생각나서 개인적으로도 다시 찾았다는 「덴푸라 나카야마」는 시커먼 소스가 뿌려진 튀김 덮밥 天丼(てんどん)이 유명해요. 주문을 받고 난 뒤에 재료를 튀기기 때문에 식감도 바삭바삭하고, 불 향이 나는 검은 특제 소스가 감칠맛을 더해서 한번 맛보면 중독되어 또 찾아가고 싶어질 거예요.

おじさんっぽくて
いや。
使いやすい
スマートフォンを
探しているんです。
Sale
NEW
Sale
30%

PART 08

어떤 스마트폰을 고를까?

- ~(よ)うと思(おも)う

  ~하려고 생각하다

- ~やすい

  ~하기 쉽다

- ~っぽい

  ~스럽다

- ~にくい

  ~하기 어렵다

© Tooykrub / Shutterstock.com

핵·심·문·형

01 ケータイを 買(か)おうと 思(おも)っているんだけど。

휴대폰을 사려고 하는데.

～(よ)うと思(おも)う ～하려고 생각하다

ケータイ 휴대폰, 휴대 전화
週末(しゅうまつ) 주말
海(うみ) 바다
辞(や)める 그만두다

「의향형＋と思っている」는 말하는 사람의 의사를 상대방에게 표명하는 데 쓰이며, 「의향형＋と思う」와 같은 뜻으로도 쓰입니다. 다만, 「의향형＋と思っている」에는 '줄곧 그런 생각을 하고 있었다'는 뜻이 포함되어 있습니다. 해석은 '～하려고 하다, ～할 생각이다'로 합니다.

위 문장은 ケータイを買おうと思っています를 んです체로 표현한 문장인데, んです체 앞에는 항상 보통체가 오니까 買おうと思っている＋んだけど가 된 거죠. だけど는 ～ですけど의 반말체 표현입니다.

예 週末(しゅうまつ)は海(うみ)に行(い)こうと思っているんだけど。
주말에는 바다에 갈 생각인데.

来月(らいげつ)から、日本語(にほんご)を勉強(べんきょう)しようと思っているんだけど。
다음 달부터 일본어를 공부하려고 하는데.

「의향형＋と思っている」는 제3자의 의사를 나타낼 수도 있어요.

예 彼(かれ)は会社(かいしゃ)を辞(や)めようと思っています。
그는 회사를 그만두려고 합니다.

휴대폰은 일본어로 ケータイ라고 하는데, 이 말은 '휴대 전화'라는 뜻의 携帯電話(けいたいでんわ)의 줄임말이에요. 携帯電話를 줄여서 携帯 혹은 가타카나로 ケイタイ라고도 하지만, ケータイ로 쓰는 경우가 많아요.

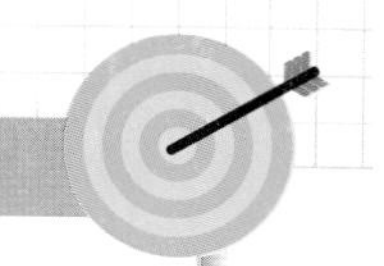

02 使(つか)いやすい　スマートフォンを 探(さが)しているんです。

사용하기 쉬운 스마트폰을 찾고 있어요.

スマートフォン 스마트폰(줄여서 スマホ라고 함)
探(さが)す 찾다
薬(くすり)を飲(の)む 약을 먹다
白(しろ)い 하얗다
シャツ 셔츠
汚(よご)れる 더러워지다

～やすい ～하기 쉽다

「동사 ます형+やすい」는 어떤 동작을 하는 것이 용이함을 나타내거나 주체인 물건이나 사람이 쉽게 그렇게 되는 성질을 갖고 있다는 것을 나타냅니다. 또는 어떤 일이 쉽게 일어남을 나타낼 때 쓰기도 하는데 '～하기 쉽다, 잘 ～한다'로 해석합니다.

예 この薬(くすり)は飲(の)みやすいです。
이 약은 먹기 쉽습니다.

白(しろ)いシャツは汚(よご)れやすいです。
하얀색 셔츠는 더러워지기 쉽습니다.

～やすい는 い형용사와 같은 활용을 합니다.

예 ～やすくて ～하기 쉽고　　～やすかった ～하기 쉬웠다

스마트폰과 관련된 표현들

예 ワイファイ(wi-fi) 와이파이　　歩(ある)きスマホ 걸으면서 스마트폰을 하는 일
アプリ 어플리케이션(アプリケーション의 줄임말)

핵·심·문·형

03 おじさんっぽくて いや。

아저씨 같아서 싫어.

おじさん 아저씨, 삼촌

いやだ 싫다

昔(むかし) 옛날

男(おとこ)っぽい ① 여자가 남자 같다 ② 남자답다

よく 자주, 잘

～と言(い)われる ～라고 듣다

黒(くろ)っぽい 검정색을 띠다

着(き)る 입다

嫌(きら)いだ 싫어하다

にんじん 당근

お腹(なか)がいっぱいだ 배가 부르다

～っぽい ～스럽다

～っぽい는 명사나 동사 ます형에 붙어서 그러한 경향, 성질, 느낌이 있다는 것을 나타내며 '～스럽다, ～같다, ～답다'로 해석합니다. 예를 들어 색깔 뒤에 붙으면 '그런 색을 띠고 있다, 그런 색에 가깝다'라는 뜻이 됩니다. ～っぽい도 い형용사 활용을 하기 때문에, 위 문장에서 おじさんっぽくて가 된 거예요.

예 昔(むかし)は男(おとこ)っぽいってよく言(い)われました。 옛날에는 남자 같다는 말을 자주 들었습니다.

あそこの黒(くろ)っぽい服(ふく)を着(き)ている人(ひと)が田中(たなか)さんです。

저쪽에 있는 검은 계통 옷을 입은 사람이 다나카 씨입니다.

그 밖에 ～っぽい가 들어간 표현들

예 安(やす)っぽい 싸구려 같다

色(いろ)っぽい 섹시하다, 요염하다

荒(あら)っぽい 조잡하다, 엉성하다

怒(おこ)りっぽい 쉽게 화를 내다

理屈(りくつ)っぽい 따지기 좋아하다

いやだ는 嫌(きら)いだ와 마찬가지로 '싫다'라는 뜻을 가진 な형용사인데, 이 두 가지가 어떻게 다른지 알아볼까요? 嫌いだ는 자신의 기호에 맞지 않거나 불쾌감으로 거절하고 싶은 기분을 나타내는 표현입니다.

예 A 嫌いな食(た)べ物(もの)はありますか。 싫어하는 음식 있어요?

B 私(わたし)はにんじんが嫌いです。 저는 당근이 싫어요.

반면, いやだ는 싫거나 불쾌감을 나타낼 때나 다른 사람의 요구나 권유를 거절, 부정할 때 쓰이는 표현입니다.

예 A これ食べてみる？ 이거 먹어 볼래?

B 今(いま)はお腹(なか)がいっぱいだからいや。 지금은 배불러서 싫어.

04 使(つか)いにくそうだよ。

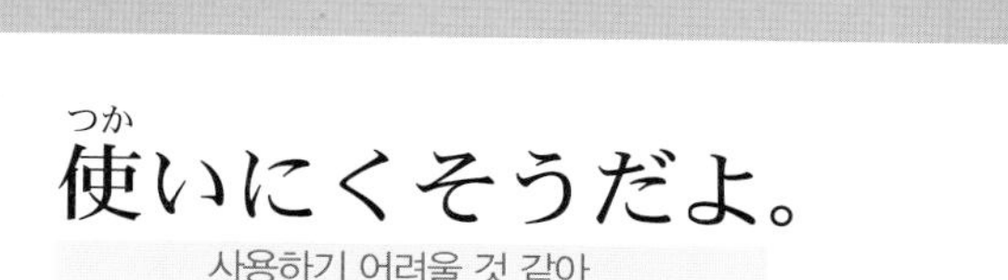

사용하기 어려울 것 같아.

割(わ)れる 깨지다
安全(あんぜん)だ 안전하다
大丈夫(だいじょうぶ)だ 괜찮다

～にくい ～하기 어렵다

「동사 ます형＋にくい」는「동사 ます형＋やすい」와는 반대로, 어떤 동작을 하는 것이 어려움을 나타내거나 주체인 물건이나 사람이 좀처럼 그렇게 되지 않는 성질을 갖고 있다는 것, 또는 어떤 일이 여간해서는 일어나지 않음을 나타낼 때 쓰는 표현으로 '～하기 어렵다, 잘 ～하지 않는다'로 해석합니다.

예 東京(とうきょう)は住(す)みにくいですか。 도쿄는 살기 어렵습니까?

このコップは割(わ)れにくくて、安全(あんぜん)ですよ。 이 컵은 잘 안 깨져서 안전합니다.

! ～にくい도 い형용사와 같은 활용을 합니다.

예 ～にくくて ～하기 어렵고　　～にくかった ～하기 어려웠다

위 문장에서는 ～にくい 뒤에 ～そうだ '일 것 같다'가 붙어서 활용을 했네요. 조금 복잡해 보일 수 있는 문장이지만, ～にくい는 い형용사처럼 활용을 하고, ～そうだ는 い형용사 어간에 붙기 때문에「使いにくい＋そうだ」가 使いにくそうだ가 된 거예요.

일본어에서는 여성어와 남성어의 차이가 꽤 있는데, 존댓말에서는 별로 차이가 나지 않지만 반말에서는 크게 차이가 납니다. 예를 들어 な형용사의 어간과 명사 끝에 よ를 붙이는 건 여자 말투이고, 남자들은 ～だよ라고 합니다.

예 それは大丈夫(だいじょうぶ)よ。 그건 괜찮아. (여자 말투)

それは大丈夫だよ。 그건 괜찮아. (남자 말투)

문·형·연·습

01 MP3_08_01

ケータイを買おうと思っているんだけど。

휴대폰을 사려고 하는데.

① 旅行にでも行く
② 家族と食事する
③ 家の大掃除をする
④ 図書館で勉強する

旅行(りょこう) 여행 | 食事(しょくじ)する 식사하다 | 家(うち) 집 | 大掃除(おおそうじ) 대청소 | 図書館(としょかん) 도서관

02 MP3_08_02

使いやすいスマートフォンを探しているんです。

사용하기 쉬운 스마트폰을 찾고 있어요.

① はく / 靴
② 飲む / ワイン
③ 使う / パソコン
④ わかる / 英語の小説

はく (신발을) 신다 | ワイン 와인 | 英語(えいご) 영어 | 小説(しょうせつ) 소설

03 MP3_08_03

おじさんっぽくていや。
아저씨 같아서 싫어.

① 安(やす)い
② 怒(おこ)る
③ 子供(こども)
④ おばさん

安(やす)い 싸다 | 怒(おこ)る 화내다, 꾸짖다

04 MP3_08_04

使いにくそうだよ。
사용하기 어려울 것 같아.

① 雨(あめ)で洗濯物(せんたくもの)が乾(かわ)く
② 今年(ことし)の風邪(かぜ)は治(なお)る
③ この道(みち)は運転(うんてん)する
④ 12月(がつ)は休(やす)みを取(と)る

洗濯物(せんたくもの) 세탁물 | 乾(かわ)く 마르다, 건조하다 | 今年(ことし) 올해 | 風邪(かぜ) 감기 | 治(なお)る (병이) 낫다 | 道(みち) 길, 도로 | 運転(うんてん)する 운전하다 | 休(やす)みを取(と)る 휴가를 얻다

● 휴대폰을 구입하기로 한 유나. 꽃미남 친구 료의 도움으로 휴대폰을 사러 가는데….

ユナ　来週(らいしゅう)から学校(がっこう)に通(かよ)うことになったから、
ケータイを買(か)おうと思(おも)っているんだけど。

良(りょう)　僕(ぼく)が知(し)っている店(みせ)があるからそこに行(い)かない？

ケータイ販売店(はんばいてん)で

店員(てんいん)　どんなケータイをお探(さが)しですか。

ユナ　スリムで使(つか)いやすいスマートフォンを探しているんです。

良　ね。この黒(くろ)いのはどう？ デザインもかわいいし、
使(つか)い方(かた)も簡単(かんたん)そうだけど。

ユナ　おじさんっぽくていや。こっちの白(しろ)い方(ほう)がいい。

良　それ使いにくそうだよ。大丈夫(だいじょうぶ)？

ユナ　大丈夫。これは韓国語(かんこくご)もできるし。

店員　じゃ、そちらで契約(けいやく)なさいますか。

ユナ　これでお願(ねが)いします。

来週(らいしゅう) 다음 주 | 通(かよ)う 다니다 | 僕(ぼく) 나(남자) | 知(し)る (지식, 정보 등을) 알다 | 販売店(はんばいてん) 판매점 | 店員(てんいん) 점원 | スリムだ 슬림하다 | デザイン 디자인 | 使(つか)い方(かた) 사용법 | 簡単((かんたん)だ 간단하다 | 方(ほう) 쪽, 편 | 韓国語(かんこくご) 한국어 | できる 생기다, 완성되다, 할 수 있다 | ～し ～하고 | 契約(けいやく) 계약 | なさる 하시다

유나　다음 주부터 학교에 다니게 됐으니까,
휴대폰을 사려고 하는데.
료　내가 알고 있는 가게가 있으니까 거기에 가지 않을래?

휴대폰 가게에서

점원　어떤 휴대폰을 찾고 계세요?
유나　슬림하고 사용하기 쉬운 스마트폰을 찾고 있어요.
료　저기, 이 검은 건 어때? 디자인도 귀엽고,
사용법도 간단해 보이는데.
유나　아저씨 같아서 싫어. 이쪽의 흰 것이 좋아.
료　그거 사용하기 어려울 것 같아. 괜찮아?
유나　괜찮아. 이건 한국어도 가능하고.
점원　그럼, 그것으로 계약하시겠습니까?
유나　이걸로 주세요.

Plus

お探(さが)しですか

「お+동사 ます형+ですか」는 존경 표현으로, 「お+동사 ます형+でしょうか」라고 하면 더 정중한 표현이 됩니다.

使(つか)い方(かた)

「동사 ます형+方」는 '~하는 법'이라는 합성 명사입니다.

예 使い方 사용법　　考(かんが)え方 사고방식
作(つく)り方 만드는 법

こっち

주로 회화체에서 사용하는 こちら의 줄임말로 '이쪽'이라는 뜻입니다.

예 そちら – そっち 그쪽　　あちら – あっち 저쪽
どちら – どっち 어느 쪽

契約(けいやく)なさいますか

なさる는 する(하다)의 특수 존경어 동사로 '하시다'라는 뜻입니다. 그러므로 ~なさいますか는 ~しますか보다 정중하게 묻는 '~하시겠습니까'로 해석합니다.

유나의 일기
'ユナの日記'

MP3_08_06

いよいよスマホを買った。

今日は良とケータイを買いに行った。韓国みたいにいろんな種類のスマートフォンがあったから、なかなか決められなかった。私はスリムなのを探していたのに、良は、おじさんっぽくて、分厚いのを私に勧めた。男の人ってどうしても黒が好きみたいだ。私は白いのが気に入ったけど、良は使いにくそうだと言って買うのを止めた。でも韓国語も使えるから、ちょっと使い方が難しくても大丈夫だろうと思って、白いのを買っちゃった。今までケータイを持っていなくて、いろいろ不便だったけど、これからは日本の生活がもっと楽になりそう。

오늘은 료와 휴대폰을 사러 갔다. 한국처럼 여러 가지 종류의 스마트폰이 있어서 좀처럼 결정을 할 수가 없었다. 나는 슬림한 것을 찾고 있었는데, 료는 아저씨 같고 두툼한 것을 나에게 권했다. 남자들은 꼭 검정을 좋아하는 것 같다. 나는 흰 것이 맘에 들었는데, 료는 사용하기 어려울 것 같다며 사는 것을 말렸다. 하지만 한국어도 가능하니까 조금 사용법이 어려워도 괜찮겠지라고 생각해서 흰 것을 사 버렸다. 지금까지 휴대폰이 없어서 여러모로 불편했는데, 앞으로는 일본 생활이 더 편해질 것 같다.

いよいよ 마침내 | ～みたいに ～처럼 | いろんな 여러 가지의, 다양한 | 種類(しゅるい) 종류 | なかなか 좀처럼(부정) | 決(き)める 결정하다 | 分厚(ぶあつ)い 두껍다, 두툼하다 | 勧(すす)める 권하다, 추천하다 | 男(おとこ)の人(ひと) 남자 | どうしても 반드시, 꼭 | 気(き)に入(い)る 맘에 들다 | 止(と)める 말리다 | でも 그렇지만, 하지만 | ～だろう ～이겠지, ～일까 | いろいろ 여러 가지, 여러모로 | 不便(ふべん)だ 불편하다 | これから 이제부터, 앞으로 | 生活(せいかつ) 생활 | 楽(らく)になる 편해지다

Nekoken の ちょこっと 東京サンポ

落合 おちあい 오치아이

▲ 후타바엔

일본 3대 염색 산지

나카노와 신주쿠 사이에 있는 오치아이는 에도 시대부터 전통 염색을 하는 공방이 모여 있던 거리로 교토京都, 가나자와金沢와 함께 일본의 3대 염색 산지입니다. 지금도 묘쇼지 강妙正寺川을 중심으로 크고 작은 염색 공방 약 60여 곳이 남아 있어서, 고층 빌딩이 숲을 이루는 일본 최대의 번화가 신주쿠의 이미지와는 대조적으로, 시간이 멈춘 것 같은 한적한 풍경이 펼쳐져요.

소메노고미치

매년 2월 말에는 천연 염색 작품을 전시하고 알리기 위한 프로젝트 소메노고미치染の小道가 열려서 묘쇼지 강 위에 염색 천을 전시하고, 가게 입구에 노렌のれん을 장식하는 등 색다른 풍경을 볼 수 있어요. 모던한 염색 공방 「후타바엔二葉苑」은 공방, 갤러리, 숍 등을 모두 갖추고 있어서 천연 염색으로 만든 천을 이용한 가방, 지갑, 기모노 장식 등 기념품을 구입하기도 좋아요.

▲ 소메노고미치

▲ 막키 카페의 라테아트

나만의 라테아트

구경을 마친 뒤에는 「막키 카페mackycafe」에서 라테아트를 즐겨 보세요. 카페라테 위에 예쁘게 그림을 그리는 라테아트는 바리스타가 만들어 주는 것이 일반적인데, 라테아트 체험으로 주문을 하면 커피 위에 거품을 낸 우유를 동그란 모양이 생기도록 부어 줘서 직접 그림을 그려 볼 수 있어요. 세상에서 단 한 잔뿐인 나만의 카페라테를 만드는 특별한 경험을 할 수 있습니다.

Beauty
Hair
??
日本に来た
ばかりなので。
短めに切って
ください。

PART
09

헤어 스타일 바꾸기

- ~感(かん)じ

  ~한 느낌

- ~たばかり

  막 ~함

- ~ないで済(す)む

  ~하지 않아도 된다

- ~め

  약간 ~함, ~한 듯함

핵·심·문·형

01 最近(さいきん)は ふわっとした 感(かん)じが 流行(はや)りですよ。

최근에는 / 볼륨감 있는 / 느낌이 / 유행이에요.

- 最近(さいきん) 최근, 요즘
- 流行(はや)り 유행
- 布団(ふとん) 이불
- 気持(きも)ち 기분, 마음
- 過(す)ごす (시간을) 보내다, 지내다
- 女(おんな)の子(こ) 여자아이

ふわっと는 푹신하거나 부풀어 있는 모양이나 들뜬 기분을 나타내는 말로, 주로 ふわっとした의 형태로 씁니다. 위 문장에서는 머리 모양을 나타내는 말로 쓰였으니까 '볼륨감이 있는'으로 해석하는 것이 적절하겠죠?

예 ふわっとした布団(ふとん) 푹신푹신한 이불

ふわっとした気持(きも)ちで一日(いちにち)を過(す)ごす。 들뜬 기분으로 하루를 보내다.

～感(かん)じ ～한 느낌

～感じ는 어떤 말 뒤에 붙어서 '~한 느낌, 기분, 분위기'라는 뜻을 나타내는데, 회화체에서 매우 폭넓게 쓰이는 표현입니다. 그리고 사람에 관해서는 '~한 인상'이란 의미로도 쓰입니다. ～って感じ의 형태로 '~같은 느낌, ~같은 기분, ~같은 분위기'의 뜻을 나타냅니다.

예 かわいい感じの女(おんな)の子(こ)。 귀여운 인상의 여자아이

韓国(かんこく)から来(き)たって感じ。 한국에서 온 것 같은 느낌.

'유행'이라는 뜻의 단어는 流行る라는 동사의 명사형인 流行り 외에도 流行(りゅうこう)する라는 동사에서 나온 流行도 있어요.

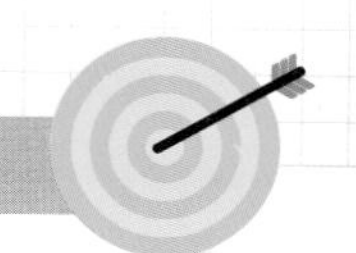

02 日本に来たばかりなので。

일본에 / 온 지 얼마 안 돼서요.

たった今 방금, 지금 막
用事 볼일, 용무
お先に 먼저
失礼する 실례하다

～たばかり 막 ~함

「동사 た형+ばかり」는 어떤 동작이 이루어지거나 어떤 일이 일어나고 나서, 그다지 시간이 지나지 않았음을 나타내는 표현입니다. 실제 시간의 경과와는 상관없이 말하는 사람의 주관적 느낌에 따라 이 표현을 쓸 수 있고, 해석은 '막 ~함, ~한 지 얼마 안 됐다'라고 합니다.

～たばかり는 명사와 같이 활용해서 여러 문형에 접속됩니다. 위 문장에서는 뒤에 ～ので가 접속됐기 때문에 日本に来たばかりなので가 된 거예요. (명사/な형용사+なので)

비슷한 표현으로 ～たところ가 있는데 이 표현은 동작 완료 직후의 시점만을 나타낸다는 점에서 ～たばかり와 조금 차이가 있습니다.

예 木村さんはこの会社に入ったばかりです。
기무라 씨는 이 회사에 들어온 지 얼마 안 됐습니다. (말하는 사람이 얼마 안 됐다고 생각한 경우)

たった今、帰ったところです。
지금 막, 돌아왔습니다. (동작이 완료된 직후)

～ので는 '~이라서, ~이니까'라는 의미로, 자연스러운 흐름의 인과 관계를 객관적으로 말하는 표현입니다. 주관적인 이유를 나타내는 ～から보다는 말하는 사람의 생각이 덜 담겨 있어 부드럽고 공손한 뉘앙스를 가지기 때문에 허락을 구할 때의 이유나 변명을 부드럽게 표현할 때 잘 씁니다. ～ので는 보통 반말체에 접속하지만, 보다 정중하게 표현할 때는 정중체에 접속하기도 합니다.

예 用事があるので、お先に失礼します。 볼일이 있어서 먼저 실례하겠습니다.

用事がありますので、お先に失礼します。

03 ドライヤーを しないで済(す)むので お勧(すす)めします。

드라이를 안 해도 되니까 권해 드려요.

～ないで済(す)む ～하지 않아도 된다

동사 ない형과 済む(끝나다, 완료하다)를 연결해서 '예정, 또는 예측되던 것을 안 해도 되다, 탐탁지 않은 일을 피할 수 있게 되다'라는 뜻을 나타냅니다. 문어체에서는 ～ずに済む라는 형태를 씁니다.

예 ダイエットの時(とき)、食(た)べる量(りょう)を減(へ)らさないで済む方法(ほうほう)ってありますか。
다이어트를 할 때, 먹는 양을 줄이지 않아도 되는 방법이 있습니까?

今(いま)、ちゃんとやっておけば、あとで後悔(こうかい)しないで済みますよ。
지금, 제대로 해 두면 나중에 후회하지 않아도 돼요.

「お＋동사 ます형＋します」는 동사의 겸양 표현으로 '～해 드리다'로 해석합니다. 따라서 お勧めします는 '권하다'라는 勧める 동사의 겸양 표현으로 '권해 드리다'라는 뜻이 됩니다. 또한「お勧め＋명사」의 형태로도 많이 씁니다.

예 お勧め本(ほん) 추천 책

今日(きょう)のお勧めメニュー 오늘의 추천 메뉴

ドライヤーをする 드라이를 하다
ダイエット 다이어트
時(とき) 때
量(りょう) 양, 분량
減(へ)らす 줄이다, 덜다
方法(ほうほう) 방법
～って ～는 (조사 は의 구어적 표현)
ちゃんと 제대로, 잘
やる 하다
～ておく ～해 두다
あとで 나중에
後悔(こうかい)する 후회하다
お勧(すす)め 추천
メニュー 메뉴

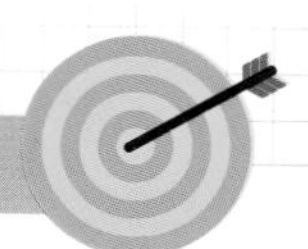

04 短(みじか)めに 切(き)って ください。

약간 짧게 / 잘라 / 주세요.

切(き)る 자르다

値段(ねだん) 값, 가격

かまう 상관없다, 마음 쓰다

ご飯(はん) 밥

少(すく)ない 적다

塩(しお) 소금

半分(はんぶん) 절반

～め 약간 ~함, ~한 듯함

「い형용사 어간+め」는 완전히 그런 상태가 아니라 '그 성향에 가깝다'라는 뉘앙스를 나타내는 표현입니다. 예를 들어 短め라고 하면 완전히 短い(짧다)가 아니라 짧은 쪽에 속하는 것, 즉 '약간 짧다, 짧은 듯하다'라는 표현이 되는 거죠. ～め는 명사처럼 활용하기 때문에 이 문장에서 短めにしてください가 되었어요.

예 値段(ねだん)が少(すこ)し高(たか)めですが、かまいませんか。 값이 약간 비싼데, 상관없습니까?

ご飯(はん)の量が少(すく)なめです。 밥의 양이 조금 적은 듯해요.

「명사 / な형용사의 어간+にしてください」는 '~하게(으로) 해 주세요'라는 표현입니다.

예 塩(しお)の量を半分(はんぶん)にしてください。 소금의 양을 절반으로 해 주세요.

部屋(へや)をきれいにしてください。 방을 깨끗이 해 주세요.

「い형용사 어간+め」의 형태는 아니지만, め가 붙어 하나의 명사로 쓰이는 단어들이 있으니 참고로 알아 두세요.

예 控(ひか)えめ 소극적임, 약간 적은 듯함 斜(なな)め 비스듬함

문·형·연·습

01 MP3_09_01

最近(さいきん)はふわっとした感(かん)じが流行(はや)りですよ。
최근에는 볼륨감 있는 느낌이 유행이에요.

① かわいらしい
② さわやかだ
③ くるっとした
④ 落(お)ち着(つ)いた

かわいらしい 귀엽다, 사랑스럽다 | さわやかだ 산뜻하다, 상쾌하다, (성격이) 시원시원하다 |
くるっと 가볍게 도는 모양, 물건을 둥글게 말거나 싸는 모양 | 落(お)ち着(つ)く (말, 동작이) 차분하다, (일, 마음이) 안정되다

02 MP3_09_02

日本(にほん)に来(き)たばかりなので。
일본에 온 지 얼마 안 돼서요.

① この会社(かいしゃ)に入(はい)る
② 先月(せんげつ)、授業(じゅぎょう)が始(はじ)まる
③ 運転免許(うんてんめんきょ)を取(と)る
④ 新(あたら)しい仕事(しごと)を始(はじ)める

先月(せんげつ) 지난달 | 授業(じゅぎょう) 수업 | 運転免許(うんてんめんきょ)を取(と)る 운전면허를 따다 | 始(はじ)める 시작하다

03 MP3_09_03

ドライヤーをしないで済(す)むのでお勧(すす)めします。
드라이를 안 해도 되니까 권해 드려요.

① 借金(しゃっきん)する
② 失敗(しっぱい)する
③ 手術(しゅじゅつ)する
④ 魚(さかな)を焦(こ)がす

借金(しゃっきん)する 빚을 내다, 돈을 꾸다 | 失敗(しっぱい)する 실패하다, 실수하다 | 手術(しゅじゅつ)する 수술하다 | 魚(さかな) 생선 | 焦(こ)がす 태우다

04 MP3_09_04

短(みじか)めに切(き)ってください。
약간 짧게 잘라 주세요.

① 小(ちい)さい / 刻(きざ)む
② 早(はや)い / 集(あつ)まる
③ やさしい / 教(おし)える
④ やわらかい / 茹(ゆ)でる

刻(きざ)む 잘게 썰다 | 集(あつ)まる 모이다 | やさしい 착하다, 상냥하다 | やわらかい 부드럽다 | 茹(ゆ)でる 데치다, 삶다

실·전·회·화

MP3_09_05

● 일본에서 유행하는 헤어 스타일에 도전하기 위해 미용실에 간 유나. 처음 들어 보는 말에 어리둥절해 하는데….

店員(てんいん)　いらっしゃいませ。今日(きょう)はどうなさいますか。

ユナ　カットしようかと思(おも)ってるんですけど。
最近(さいきん)どんなスタイルが流行(はや)っていますか。

店員　最近はふわっとした感(かん)じが流行りですよ。

ユナ　ふわっとした感じってどんな感じですか。
日本(にほん)に来(き)たばかりなので。

店員　ボリュームのある感じをふわっとした感じっていうんです。

ユナ　そうですか。じゃ、パーマもかけた方(ほう)がいいですか。

店員　パーマをかけた方がドライヤーをしないで済(す)むので
お勧(すす)めします。

ユナ　じゃ、パーマもかけてください。

店員　前髪(まえがみ)はどうなさいますか。

ユナ　短(みじか)めに切(き)ってください。

なさる 하시다 | カット 커트 | スタイル 스타일 | 流行(はや)る 유행하다 | ボリューム 볼륨 | パーマをかける 파마를 하다 |
前髪(まえがみ) 앞머리

점원　어서 오세요. 오늘 머리 어떻게 하시겠습니까?

유나　커트를 하려고 하는데요. 최근에 어떤 스타일이 유행이에요?

점원　최근에는 ふわっとした感(かん)じ가 유행이에요.

유나　ふわっとした感じ는 어떤 느낌인가요?
일본에 온 지 얼마 안 돼서요.

점원　볼륨감 있는 느낌을 ふわっとした感じ라고 해요.

유나　그렇군요. 그럼, 파마도 하는 편이 좋나요?

점원　파마를 하는 편이 드라이를 안 해도 되니까 권해 드려요.

유나　그럼, 파마도 해 주세요.

점원　앞머리는 어떻게 하시겠습니까?

유나　약간 짧게 잘라 주세요.

Plus

いらっしゃいませ

우리말 '어서 오세요'에 해당하는 말로, 주로 점원이 가게에 방문하는 손님에게 하는 인사말입니다. 특수 존경어 いらっしゃる(계시다)의 예외 활용형입니다.

~(し)ようかと思(おも)ってる

~(し)ようかと思ってる는 '~할까 생각 중이다'라는 뜻으로 ~(し)ようと思ってる보다 의지가 약할 때 쓰는 표현입니다.

ボリュームのある感(かん)じ

ボリュームがある(볼륨이 있다)라는 문장이 感じ(느낌)라는 명사를 수식할 때에는 주격 조사 が가 の로 바뀝니다.

예 目(め)が大(おお)きい 눈이 크다
→ 目の大きい女(おんな)の子(こ) 눈이 큰 여자아이

유나의 일기
'ユナの日記'

ヘアスタイルを変えた。

今日はカットをしに美容室に行った。どうせなら、ここで流行りのスタイルに変えたくて、美容師さんに聞いてみたら、ふわっとした感じの髪型が今流行だと言った。私は日本に着いたばかりだから、そんな難しい言葉の意味がわからなかったけど、美容師さんがふわっとした感じというのは、ボリュームのある感じだと親切に説明してくれた。やっぱり、日本にいると、生の日本語が覚えられていいと思う。パーマもかけた方がドライヤーをしないで済むと言われて、パーマもかけてもらった。前髪は短めに切ってもらって、すっきりした感じになった。やっぱり、髪型を変えると気分転換になると思う。

오늘은 커트를 하러 미용실에 갔다. 이왕이면 여기서 유행하는 스타일로 바꾸고 싶어서 미용사분에게 물어보았더니, ふわっとした感じ의 헤어 스타일이 유행이라고 했다. 나는 일본에 온 지 얼마 안 돼서 그렇게 어려운 말의 뜻을 알 수 없었는데, 미용사분이 ふわっとした感じ라는 것은 볼륨감이 있는 느낌이라고 친절히 설명해 주었다. 역시 일본에 있으면, 살아 있는 일본어를 배울 수 있어서 좋은 것 같다. 파마도 하는 편이 드라이를 하지 않아도 된다고 해서 파마도 했다. 앞머리는 약간 짧게 잘라서 산뜻해졌다. 역시 머리 모양을 바꾸면 기분 전환이 되는 것 같다.

ヘアスタイル 헤어 스타일 | 美容室(びようしつ) 미용실 | どうせなら 이왕이면 | 変(か)える 바꾸다, 변화시키다 | 美容師(びようし) 미용사 | 髪型(かみがた) 머리 모양 | 着(つ)く 도착하다 | 言葉(ことば) 말, 단어 | 意味(いみ) 의미 | 親切(しんせつ)だ 친절하다 | 説明(せつめい)する 설명하다 | やっぱり 역시 | 生(なま) 생, 살아 있는 | ～と思(おも)う ~라고 생각한다, ~인 것 같다 | すっきり 산뜻한 모양 | 気分転換(きぶんてんかん) 기분 전환 | ～になる ~이 되다, ~해지다

四ツ谷 よつや 요쓰야

이색적인 거리

요쓰야는 지리상으로 도쿄의 도심 한복판에 해당하지만 넓은 공원이 많은 지역이라 공기가 상쾌합니다. 일본을 방문하는 세계적인 귀빈들을 접대하는 영빈관迎賓館(げいひんかん)과 가톨릭 수도회 예수회에서 만들어 '소피아 대학'이라고도 불리는 조치 대학上智大学(じょうちだいがく)이 있어서 서양식 풍경이 거리에 스며들어 있어요.

▲ 요쓰야 역

요쓰야의 영빈관

일본의 국보로 지정된 영빈관은 중세 유럽의 성처럼 지어진 건물이 중앙에 서 있고, 11만 7천 평방미터나 되는 넓은 면적이 분수와 조각 등으로 아름답게 꾸며져 있어요. 하지만 특정 시기를 제외하고는 일반 공개가 되지 않는 곳이라 그냥 찾아가면 문 밖에서만 구경하다 돌아와야 해요. 영빈관을 제대로 견학하고 싶다면 공식 홈페이지(http://www8.cao.go.jp/geihinkan/)를 참고하여 내부 관람이 가능한 시기에 미리 신청을 하고 가세요.

▲ 영빈관

▲ 다이야키 와카바

다이야키 와카바

설립된 배경부터 사회적 위치까지 한국의 서강대와 비슷한 조치 대학도 캠퍼스가 예쁘기로 유명하고, 벚꽃이 피는 시기에는 꽃구경 하러 오는 외부 방문객도 많습니다. 또한 먹거리도 빼놓을 수 없는데요. 요쓰야에서 출출해졌다면 도쿄 최고의 붕어빵 전문점으로 유명한 「다이야키 와카바たいやき わかば」에서 머리부터 꼬리까지 팥소가 가득 들어 있는 붕어빵을 간식으로 드셔 보세요.

まぐろ
いらっしゃいませ
韓国人はみんな
お酒が強いらしいけど。
お酒って飲めば
飲むほど強くなるからね。

PART 10

이자카야에서 한잔

- **～てある**

  ～해져 있다

- **～らしい**

  ～인 것 같다

- **～かもしれない**

  ～일지도 모른다

- **～ば～ほど**

  ～하면 ～할수록

핵·심·문·형

01 全部(ぜんぶ) カタカナで 書(か)いてあるから。

전부 / 가타카나로 / 쓰여 있으니까.

～てある ~해져 있다

목적어를 필요로 하는 동사인 타동사는 「타동사 て형+ある」의 형태로 '~해져 있다'라는 상태를 표현하며, 의미는 다음과 같습니다.

❶ 어떤 사람의 의도적인 행위의 결과로 발생한 상태를 나타냅니다. 해석은 '~해져 있다'로 합니다.

机(つくえ)の上(うえ)にメモがおいてあります。
책상 위에 메모가 놓여 있습니다. (어떤 사람이 책상에 메모를 놓아둔 결과, 메모가 놓여 있는 상태)

カレンダーに今月(こんげつ)の予定(よてい)が書いてあります。
달력에 이번 달의 예정이 적혀 있습니다. (어떤 사람이 달력에 이번 달 예정을 적은 결과, 예정이 적혀 있는 상태)

❷ 주로 もう(이미, 벌써)와 함께 쓰여서 '준비가 완료되어 있다'는 사실을 나타내는 표현으로도 쓰입니다. 해석은 '이미 ~해 뒀다'라고 합니다.

誕生日(たんじょうび)のプレゼントはもう買(か)ってあります。 생일 선물은 이미 사 뒀습니다.

ホテルはもう予約(よやく)してあります。 호텔은 이미 예약해 뒀습니다.

! ～ている는 단순히 눈에 보이는 상태를 나타내며, ～てある는 누군가의 목적, 의도에 따른 상태를 나타냅니다.

예 ドアが開(あ)いています。 문이 열려 있습니다.

ドアが開けてあります。 (누군가가 문을 열어 두어) 문이 열려 있습니다.

全部(ぜんぶ) 전부
机(つくえ) 책상
上(うえ) 위
メモ 메모
おく 놓다, 두다
カレンダー 달력
今月(こんげつ) 이번 달
予定(よてい) 예정
プレゼント 선물
もう 이제, 벌써
予約(よやく)する 예약하다
ドア 문
開(あ)く 열리다
開(あ)ける 열다

02 韓国人(かんこくじん)は みんな お酒(さけ)が 強(つよ)いらしいけど。

한국 사람들은 모두 술이 센 것 같은데.

みんな 모두
お酒(さけ) 술
強(つよ)い 강하다, 세다
大変(たいへん)だ 힘들다
セーター 스웨터
風邪(かぜ)を引(ひ)く 감기에 걸리다
雨(あめ)が降(ふ)る 비가 내리다

~らしい ~인 것 같다

「보통체+らしい」는 듣거나 보거나 한 간접적인 정보를 근거로 한 추측을 나타내는데, '~인 것 같다'라고 해석하며 주로 다른 사람이 추측한 것을 그대로 믿고 말한다는 뉘앙스로 쓰이는 경우가 많습니다. 위 문장에서는 말하는 사람이 '한국 사람은 술이 세다'라고 어딘가에서 들었거나 읽은 간접 정보를 토대로 '한국 사람은 술이 센 것 같다'라고 추측한 거죠. な형용사의 경우는 어간에 접속해요.

예 彼(かれ)の仕事(しごと)は大変(たいへん)らしいです。 그의 일은 힘든 것 같습니다(힘든 모양입니다).

このセーターは高(たか)いらしいです。 이 스웨터는 비싼 것 같습니다.

~らしい는 불확실한 정보를 나타내기 때문에 자신의 일에는 쓸 수 없습니다.

예 私(わたし)は風邪(かぜ)を引(ひ)いたらしい。(×) 나는 감기에 걸린 것 같아.

! 또 하나의 ~らしい의 쓰임으로「명사+らしい」'~답다'라는 접미사 용법이 있습니다.

예 彼女(かのじょ)は女(おんな)らしいです。 그녀는 여성스럽습니다.

추측 표현 정리

~ようだ ~인 것 같다	~らしい ~인 것 같다	~そうだ ~일 것 같다, ~해 보인다
감각기관을 통해 느낀 것에 대한 말하는 사람의 주관적 추측. • 1인칭에 쓸 수 있다.	간접적인 정보에 의한 말하는 사람의 객관적 추측. • 1인칭에는 쓸 수 없다.	직접 보고 느낀 것에 대한 인상을 나타냄.
風邪を引いたようです。 감기에 걸린 것 같아요.	あの人(ひと)は日本人(にほんじん)らしいです。 저 사람은 일본인인 것 같아요.	雨(あめ)が降(ふ)りそうです。 비가 내릴 것 같아요.

핵·심·문·형

03 こっちの 人(ひと)より 強(つよ)い人が 多(おお)いかもしれないね。

이곳 / 사람보다 / 센 사람이 / 많을지도 모르겠네.

～より ~보다

もしかしたら 어쩌면

暇(ひま)だ 한가하다

～かもしれない ~일지도 모른다

「보통체+かもしれない」는 '~일지도 모른다'라는 뜻으로 말하는 사람의 추측을 나타내며, 어떤 일이나 상황이 일어났거나 혹은 일어날 가능성이 있다는 의미를 나타냅니다. かもしれない의 정중체는 ～かもしれません입니다. な형용사는 어간에 접속해요.

예 もしかしたら、彼(かれ)は来(こ)ないかもしれない。 어쩌면 그는 안 올지도 몰라.

来週(らいしゅう)は暇(ひま)かもしれません。 다음 주는 한가할지도 모릅니다.

비슷한 표현으로 ～でしょう(~이겠지요)가 있는데, ～かもしれない보다 확신이 있을 때 씁니다.

예 明日(あした)は雨(あめ)が降(ふ)るかもしれない。 내일은 비가 올지도 몰라.

明日は雨が降るでしょう。 내일은 비가 오겠지요.

회화체에서는 ～かもしれない에서 しれない가 빠지고 ～かも의 형태로도 쓰입니다.

예 そうかもしれない(그럴지도 몰라) → そうかも

お酒(さけ)って　飲(の)めば　飲むほど　強(つよ)くなるからね。

술이라는 건 / 마시면 / 마실수록 / 세지니까.

〜っては PART 04에서 배운 것처럼 여러 가지 뜻이 있는데, 위 문장에서는 お酒というのは(술이라는 것은)의 줄임말로 쓰였습니다.(49쪽 참고)

〜ば〜ほど 〜하면 〜할수록

〜ば〜ほど는 '〜하면 〜할수록'이라는 뜻으로, 한 문장에서 〜ば〜ほど의 앞부분에는 동일한 동사, 형용사가 옵니다.

〜ば 조건형 만드는 방법

い형용사 (어간+ければ)	大(おお)きい→大きければ / 高(たか)い→高ければ	
な형용사 (어간+なら(ば))	簡単(かんたん)だ→簡単なら(ば) / 静(しず)かだ→静かなら(ば)	
동사 (그룹별 접속)	1그룹 동사 (어미를 え단으로 바꾸고 ば 접속)	買(か)う→買えば 書(か)く→書けば
	2그룹 동사 (어미 る를 빼고 れば 접속)	食(た)べる→食べれば 見(み)る→見れば
	3그룹 동사	する→すれば 来(く)る→来(く)れば

예 このドラマは見れば見るほどおもしろいです。 이 드라마는 보면 볼수록 재미있어요.

モデルは背(せ)が高ければ高いほど有利(ゆうり)です。 모델은 키가 크면 클수록 유리합니다.

簡単(かんたん)だ 간단하다
静(しず)かだ 조용하다
ドラマ 드라마
おもしろい 재미있다
モデル 모델
背(せ)が高(たか)い 키가 크다
有利(ゆうり)だ 유리하다

문·형·연·습

01 MP3_10_01

全部(ぜんぶ)カタカナで書(か)いてあるから。

전부 가타카나로 쓰여 있으니까.

① カレンダーは壁(かべ)に貼(は)る

② はさみは引(ひ)き出(だ)しにしまう

③ お皿(さら)はテーブルに並(なら)べる

④ 絵(え)はがくぶちに入(い)れる

壁(かべ) 벽 | 貼(は)る 붙이다 | はさみ 가위 | 引(ひ)き出(だ)し 서랍 | しまう 안에 넣다, 간수하다 | お皿(さら) 접시 | テーブル 테이블 | 並(なら)べる 진열하다, 늘어놓다 | がくぶち 액자

02 MP3_10_02

韓国人(かんこくじん)はみんなお酒(さけ)が強(つよ)いらしいけど。

한국 사람들은 모두 술이 센 것 같은데.

① この映画(えいが)はなかなかおもしろい

② 昨日(きのう)ここでコンサートがあった

③ 東京(とうきょう)はあまり雪(ゆき)が降(ふ)らない

④ 北海道(ほっかいどう)は日本(にほん)で一番寒(いちばんさむ)いところ

映画(えいが) 영화 | なかなか 꽤, 상당히(긍정), 좀처럼(부정) | コンサート 콘서트 | 雪(ゆき)が降(ふ)る 눈이 내리다 | 北海道(ほっかいどう) 홋카이도(지명, 일본의 가장 북쪽에 있는 섬) | 一番(いちばん) 가장, 제일

03 MP3_10_03

こっちの人(ひと)より強い人が多(おお)いかもしれないね。
이곳 사람보다 센 사람이 많을지도 모르겠네.

① 夜(よる)、寒くなる
② 車(くるま)を止(と)めるところがない
③ この時間(じかん)は道(みち)が混(こ)んでいる
④ もしかしたら、間(ま)に合(あ)わない

夜(よる) 밤 | 車(くるま) 차 | 止(と)める 세우다, 멈추다 | 道(みち)が混(こ)む 길이 막히다 | 間(ま)に合(あ)う 시간에 맞게 대다

04 MP3_10_04

お酒って飲(の)めば飲むほど、強くなるからね。
술이라는 건 마시면 마실수록 세지니까.

① お酒 / 古(ふる)い / 高(たか)い
② 牛肉(ぎゅうにく) / 噛(か)む / おいしい
③ パソコン / 使(つか)う / 上手(じょうず)だ
④ ケータイ / 慣(な)れる / 便利(べんり)だ

お酒(さけ) 술 | 古(ふる)い 오래되다 | 牛肉(ぎゅうにく) 소고기 | 噛(か)む 씹다 | パソコン 퍼스널 컴퓨터 | ケータイ 휴대폰, 휴대전화 | 慣(な)れる 익숙해지다

실·전·회·화

MP3_10_05

- 미카, 료와 함께 일본식 선술집(居酒屋)에 간 유나. 술과 맛있는 안주도 시키고, 도란도란 이야기를 나누는데….

良(りょう) 飲(の)み物(もの)はとりあえずビールにしよう。

すみません。生(なま)みっつください。

美香(みか) おつまみは何(なに)にする？

ユナ メニューが全部(ぜんぶ)カタカナで書(か)いてあるから見(み)てもよくわからないんだけど…。

美香 ここは焼(や)き鳥(とり)とお好(この)み焼(や)きがおいしいから、それ頼(たの)もう。

良 ユナ、韓国人(かんこくじん)はみんなお酒(さけ)が強(つよ)いらしいけど、本当(ほんとう)なの？

ユナ 人(ひと)によるけど、こっちの人より強い人が多(おお)いかもしれないね。

美香 ユナはどう？ 強い方(ほう)？

ユナ 私(わたし)は前(まえ)は弱(よわ)かったけど、しょっちゅう飲(の)んでいるうちに強くなったみたい。

美香 お酒って飲めば飲むほど強くなるからね。

良 今日(きょう)は飲み過(す)ぎないようにね。

とりあえず 우선, 일단 | ビール 맥주 | 生(なま) 생맥주(生ビール의 줄임말) | おつまみ 술안주 | メニュー 메뉴 | よく 자주, 잘 | 焼(や)き鳥(とり) 야키토리(일본식 닭꼬치) | お好(この)み焼(や)き 오코노미야키(일본식 부침개) | 頼(たの)む 부탁하다, 주문하다 | 本当(ほんとう) 정말, 진짜 | ～による ～에 따라 다르다 | しょっちゅう 자주, 항상

료　　마실 것은 우선 맥주로 하자. 여기요. 생맥주 3개 주세요.

미카　　안주는 뭐로 할까?

유나　　메뉴가 전부 가타카나로 쓰여 있어서 봐도 잘 모르겠는데….

미카　　여기는 닭꼬치와 오코노미야키가 맛있으니까 그거 주문하자.

료　　유나, 한국 사람들은 모두 술이 센 것 같은데. 정말이야?

유나　　사람에 따라 다르지만, 이곳 사람(일본인)보다 센 사람이 많을지도 모르겠네.

미카　　유나는 어때? 센 편?

유나　　나는 예전에는 약했었는데, 자주 마시는 동안에 세진 것 같아.

미카　　술이라는 건, 마시면 마실수록 세지니까.

료　　오늘은 너무 많이 마시지 않도록 해.

Plus

本当(ほんとう)なの

말끝에 붙는 の는 우리말로 정확히 해석은 안 되지만, 주로 반말체의 의문문에서 말을 부드럽게 하기 위해 쓰는 조사입니다. 명사와 な형용사 어간 뒤에서는 なの로 접속합니다.

人(ひと)による

～による는 '～에 의한'이라는 뜻으로 많이 쓰이지만, よる에 '기인하다, 달려 있다'라는 의미도 있어 人による는 '사람에 달려 있다' 즉, '사람에 따라 다르다'라는 뜻이 됩니다.

今日(きょう)は飲(の)み過(す)ぎないようにね

～ようにしてください의 반말체 표현인 ～ように에 부드럽게 말하는 종조사 ね가 붙은 표현입니다.

유나의 일기

'ユナの日記'

居酒屋で一杯！

今日は良と美香と居酒屋に飲みに行った。韓国でも日本風の居酒屋で飲んだことがあるが、本場の居酒屋は今日がはじめてだった。とりあえず生ビールを頼んで、おつまみを頼もうと思ってメニューを見たが、全部カタカナで書いてあって、なかなか読めなかった。美香の知っているその店の定番料理の焼き鳥とお好み焼きを頼んだ。お酒を飲みながら、いろんな話をしたんだけど、良に「韓国の人はみんなお酒が強い？」と聞かれて「それは人によるけど、韓国人の方が強い人が多いかもしれない」と答えた。本当になんで韓国人の方が強い気がするんだろう？韓国人の方がお酒が好きだからかな〜。

오늘은 료와 미카와 선술집에서 술을 마셨다. 한국에서도 일본식 선술집에서 술을 마신 적은 있지만 본고장의 선술집은 오늘이 처음이었다. 우선 생맥주를 시키고 안주를 시키려고 메뉴를 보았지만, 전부 가타카나로 쓰여 있어서 좀처럼 읽을 수가 없었다. 미카가 알고 있는 그 가게의 대표 요리인 닭꼬치와 오코노미야키를 시켰다. 술을 마시면서 여러 가지 이야기를 나누었는데, 료가 '한국 사람은 모두 술이 세?'라고 물어봐서 '그건 사람에 따라 다르지만, 한국인 쪽이 술이 센 사람이 많을지도 몰라'라고 대답했다. 정말 왜 한국인 쪽이 센 것 같을까? 한국인이 술을 좋아해서일까?

居酒屋(いざかや) 선술집 | 一杯(いっぱい) 한 잔, 가볍게 술을 마심, 한잔함 | 〜に行(い)く 〜하러 가다 | 日本風(にほんふう) 일본풍, 일본식 | 本場(ほんば) 본고장 | はじめて 처음으로, 최초로 | 知(し)る 알다 | 定番料理(ていばんりょうり) 대표 요리 | いろんな 여러 가지, 다양한 | 答(こた)える 대답하다 | なんで 왜 | 気(き)がする 기분이 들다 | 〜だろう 〜일까, 〜이겠지

ちょこっと 東京サンポ

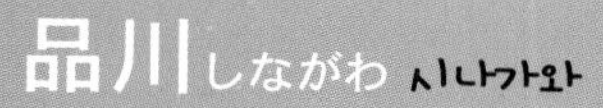

▲ 시나가와 역

교통의 요충지

시나가와는 무로마치 시대(1336~1573)부터 중요한 상업 거점 중 하나로, 에도 시대의 주요 교통로였던 東海道에 위치해서 지금도 교통의 요충지 역할을 하고 있습니다. 시나가와 역을 기점으로 한쪽에는 유명 IT 기업을 중심으로 한 오피스가オフィス街가 펼쳐져 있고, 반대 방향에는 수족관, 미술관, 영화관, 콘서트홀 등의 문화시설이 다양하게 갖추어져 있어서 놀러 가기도 좋아요.

수족관 나들이

「엡손 시나가와 아쿠아 스타디움エプソン 品川アクアスタジアム」은 빌딩 안에 위치한 수족관이라 규모가 크지는 않지만, 대형 풀에서 펼쳐지는 돌고래 쇼로 유명합니다. 길이 약 20m의 수중 터널 안에 서면 톱니 상어, 가오리 등 재미있는 모양의 대형 어류가 머리 위로 유유히 헤엄치며 지나가요. 물개가 코앞에서 재롱 떠는 것도 구경하고, 만져 볼 수도 있어서 아이들에게 인기예요.

▲ 엡손 시나가와 아쿠아 스타디움의 물개쇼

▲ 시나타쓰의 라멘

시나타쓰

선로 아래에 위치한 「시나타쓰品達」에는 맛집으로 유명한 7개의 라멘집과 5개의 일본식 덮밥どんぶり집이 모여 있습니다. 「세타가야せたが屋」, 「TETSU」, 「모코탕멘 나카모토蒙古タンメン中本」 등 도쿄의 인기 라멘집이 다양하게 모여 있고, とんこつラーメン, 塩ラーメン, 味噌ラーメン, つけめん 등 종류도 가지각색이라 입맛에 따라 골라 먹을 수 있어요.

SET MENU
COUPON
Welcome!
NEW
50円ずつ上がる
ことになっています。
アルバイトをしてみる
ことにしたんだけど。
Welcome
アルバイトした
ことあったっけ？

PART 11

아르바이트를 찾아 나서다

- ～ことにする
  ～하기로 하다
- ～っけ
  ～였더라?
- ～わけにはいかない
  ～할 수는 없다
- ～ことになっている
  ～하도록 되어 있다

핵·심·문·형

01 アルバイトを してみることに したんだけど。

아르바이트를 해 보기로 했는데.

アルバイト 아르바이트
当分(とうぶん) 당분간
今度(こんど) 이번, 다음
引(ひ)っ越(こ)し 이사

「동사 て형+みる」는 '(시험 삼아) ~해 보다'라는 뜻으로, 뒤에 오는 보조 동사 みる는 한자(見る)로 쓰지 않습니다.

예 道(みち)を聞(き)いてみる。 길을 물어보다.
日本(にほん)の料理(りょうり)を作(つく)ってみる。 일본 요리를 만들어 보다.

～ことにする ~하기로 하다

～ことになる '~하게 되다'와 비슷한 표현인 ～ことにする는 자신의 의지로 결정한 사항을 나타낼 때 쓰는 표현으로, 동사의 기본형에 접속합니다. 위 문장에서는 외부적인 요인으로 아르바이트를 하게 된 것이 아니고, 본인 스스로 마음먹었기 때문에 アルバイトをしてみることにした가 된 거예요. (72쪽 참고)

예 当分(とうぶん)、会社(かいしゃ)を休(やす)むことにしました。 당분간 회사를 쉬기로 하였습니다.
今度(こんど)引(ひ)っ越(こ)しをすることになりました。 이번에 이사를 하게 되었습니다.

> 회화체에서는 アルバイト를 줄여서 주로 バイト라고 해요.

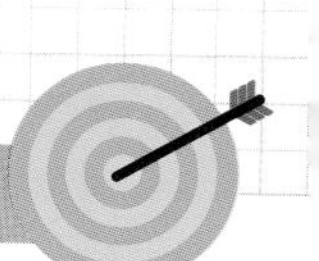

02 韓国(かんこく)でも アルバイトしたこと あったっけ?

한국에서도 아르바이트한 적이 있었나?

中間(ちゅうかん)テスト 중간 테스트

あだ名(な) 별명

~たことがある / ~たことがない는 '~한 적이 있다 / ~한 적이 없다'라는 과거의 경험을 나타내는 표현입니다. 회화체에서는 조사 が를 빼고 말하는 경우가 많아요.

예 A 日本へ行(い)ったことがある? 일본에 간 적이 있어?

B まだ日本は行ったことない。 아직 일본은 가 본 적 없어.

~っけ ~였더라?

~っけ는 잊었던 일이나 분명하지 않은 일을 묻거나 확인할 경우에 쓰이며, 주로 허물없는 사이에 많이 씁니다. 반말체와 정중체 문장의 끝에 접속합니다.

예 中間(ちゅうかん)テストっていつからだっけ? 중간 테스트는 언제부터였지?

彼(かれ)のあだ名(な)は何(なん)だったっけ? 그의 별명이 뭐였지?

そんなこともありましたっけ? 그런 일도 있었나요?

핵·심·문·형

03 お金を 送ってもらう わけにはいかないし。

돈을 송금받을 수는 없고.

送る 보내다
電話番号 전화번호
熱 열
大事だ 중요하다
会議 회의
約束 약속

～てもらう는 직역하면 '～해 받다'라는 뜻이에요. 우리말에서는 잘 사용하지 않지만 일본어에서는 상대방이 뭔가 해 주는 것을 '받는' 나의 행동에 초점을 맞춘 공손한 표현으로 쓰입니다. 비슷한 표현으로는 '남이 나에게 무엇을 해 주다'라는 뜻의 ～てくれる가 있어요. ～てもらう는 '내가 부탁해서 남이 해 주었다'라는 뉘앙스가 있는 반면에 ～てくれる는 남이 나에게 무조건적으로 어떤 행동을 베풀어 주었을 때 쓰는 경우가 많습니다. 두 문형 다 '～해 주었다'라고 자연스럽게 해석하면 됩니다.

예 私は山田さんに電話番号を教えてもらいました。

나는 야마다 씨에게 전화번호를 가르쳐 받았습니다. = 야마다 씨가 나에게 전화번호를 가르쳐 주었습니다.

～わけにはいかない ~할 수는 없다

わけ는 '이유, 도리'라는 뜻으로 ～わけにはいかない는 '(사정상, 도리상) 그럴 수 없다'라는 표현입니다. 위 문장에서는 말하는 사람이 한국에 계시는 부모님으로부터 돈을 송금받고 있지만, 도리상 계속 그럴 수 없다는 의지를 담아 ～わけにはいかない라고 한 거죠.

예 少し熱があるが、今日大事な会議があるから会社を休むわけにはいかない。

조금 열이 있지만, 오늘 중요한 회의가 있기 때문에 회사를 쉴 수는 없다.

行くって約束したから、行かないわけにはいかない。

간다고 약속했기 때문에, 안 갈 수는 없다.

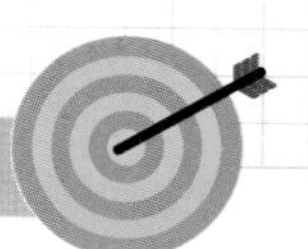

04 50円(えん)ずつ 上(あ)がることになっています。

50엔씩 / 오르게 되어 있습니다.

~ずつ ~씩
上(あ)がる (가격, 성적 등이) 오르다
左側(ひだりがわ) 왼쪽
走(はし)る 달리다
授業(じゅぎょう) 수업
始(はじ)める 시작하다

~ずつ는 수와 양을 나타내는 말에 붙어서 '같은 분량으로 되풀이된다'는 의미를 나타내요. 우리말의 '~씩'이라고 생각하면 됩니다.

~ことになっている ~하도록 되어 있다

~ことになる는 PART 06에서 배운 것처럼 '~하게 되다'라는 외부 요인에 의한 결정을 말할 때 쓰는 문형인데, ~ことになっている형태로 쓰면 '~하기로 되어 있다, ~하는 것으로 되어 있다'라는 규칙, 사회적 관습, 결정된 사항 등을 나타내는 표현이 됩니다.

예 日本(にほん)で車(くるま)は左側(ひだりがわ)を走(はし)ることになっています。
일본에서 차는 좌측을 달리는 것으로 되어 있습니다. (규칙)

授業(じゅぎょう)は４月(しがつ)から始(はじ)めることになっています。
수업은 4월부터 시작하게 되어 있습니다. (외부에 의해 결정된 사항)

문·형·연·습

01 MP3_11_01

アルバイトをしてみることにしたんだけど。

아르바이트를 해 보기로 했는데.

① 今日(きょう)のパーティーには行(い)かない

② 彼(かれ)と性格(せいかく)が合(あ)わないから別(わか)れる

③ きれいになりたいからダイエットする

④ 日本(にほん)へ留学(りゅうがく)する予定(よてい)だから日本語(にほんご)を習(なら)う

パーティー 파티 | 性格(せいかく) 성격 | 合(あ)う 맞다, 일치하다 | 別(わか)れる 헤어지다, 이별하다 | ~になる ~이 되다, ~해지다 | ダイエットする 다이어트하다 | 留学(りゅうがく)する 유학하다 | 予定(よてい) 예정 | 習(なら)う 배우다

02 MP3_11_02

韓国(かんこく)でもアルバイトしたことあったっけ?

한국에서도 아르바이트한 적이 있었나?

① あの方(かた)は山田(やまだ)さんだった

② キムさんの誕生日(たんじょうび)は金曜日(きんようび)でした

③ ホテルの宿泊(しゅくはく)は朝食付(ちょうしょくつ)きじゃなかった

④ 今日のミーティングは10時(じ)からでした

~方(かた) ~분 | 金曜日(きんようび) 금요일 | 宿泊(しゅくはく) 숙박 | 朝食(ちょうしょく) 조식 | ~付(つ)き ~포함, ~붙음 | ミーティング 회의, 미팅

03 MP3_11_03

お金を送ってもらうわけにはいかないし。
돈을 송금받을 수는 없고.

① 彼女と約束したので行かない

② 親の期待が大きいから受験しない

③ 明日、日本語の試験があるから寝る

④ まだローンが残っているから引っ越す

親(おや) 부모 | 期待(きたい) 기대 | 大(おお)きい 크다 | 受験(じゅけん)する 응시하다, 수험하다 | 試験(しけん) 시험 | ローン 론, 대출(금) | 残(のこ)る 남다 | 引(ひ)っ越(こ)す 이사하다

04 MP3_11_04

50円ずつ上がることになっています。
50엔씩 오르게 되어 있습니다.

① この薬は食前に飲む

② 二回の注意で退場する

③ 会社を休む時は必ず電話する

④ 日本のお葬式では黒い服を着る

薬(くすり) 약 | 食前(しょくぜん) 식전, 식사 전 | 二回(にかい) 2회 | 注意(ちゅうい) 주의 | 退場(たいじょう)する 퇴장하다 | 時(とき) 때 | 必(かなら)ず 꼭, 반드시 | 電話(でんわ)する 전화하다 | お葬式(そうしき) 장례식 | 着(き)る 입다

실·전·회·화

MP3_11_05

● 일본 생활에 어느 정도 익숙해진 유나는 아르바이트를 해 보기로 결심하고 면접을 보러 가는데….

ユナ　日本の生活にずいぶん慣れたし、アルバイトをしてみることにしたんだけど。

美香　本当？ 韓国でもアルバイトしたことあったっけ？

ユナ　うん。あるよ。このままずっと韓国の親からお金を送ってもらうわけにはいかないし。

アルバイトの面接で

ユナ　アルバイトの募集を見て来たんですが。日本人じゃなくてもいいですか。

店長　日本語ができるならかまいませんよ。アルバイトは初めてですか。

ユナ　韓国のマクドナルドでしたことがありますけど、日本ではまだないです。

店長　うちの時給は初めの3ヶ月間は900円で、次の月から50円ずつ上がることになっています。

ユナ　勤務時間は何時から何時までですか。

店長　午後5時から10時までです。あとで連絡をしますので、ここに連絡先を書いてください。

ユナ　はい、わかりました。連絡待ってますのでよろしくお願いします。

生活(せいかつ) 생활 | ずいぶん 꽤, 아주 | 慣(な)れる 익숙해지다 | このまま 이대로 | ずっと 계속 | 面接(めんせつ) 면접 | 募集(ぼしゅう) 모집 | 店長(てんちょう) 점장 | できる 생기다, 완성되다, 할 수 있다 | かまう 상관하다, 마음 쓰다 | 初(はじ)めて 처음으로, 최초로 | 時給(じきゅう) 시급 | 初(はじ)め 처음, 시작 | 勤務(きんむ) 근무 | 午後(ごご) 오후 | あとで 나중에 | 連絡(れんらく) 연락 | 連絡先(れんらくさき) 연락처

유나　일본 생활에 꽤 익숙해졌고, 아르바이트를 해 보기로 했는데.
미카　정말? 한국에서도 아르바이트한 적이 있었나?
유나　응. 있어. 이대로 계속 한국에 계신 부모님에게 돈을 송금받을 수는 없고.

아르바이트 면접에서

유나　아르바이트 모집을 보고 왔는데요. 일본인이 아니어도 되나요?
점장　일본어를 할 수 있으면 상관없어요. 아르바이트는 처음인가요?
유나　한국의 맥도날드에서 한 적이 있는데, 일본에서는 아직 없어요.
점장　우리의 시급은 처음 3개월간은 900엔이고, 그다음 달부터 50엔씩 오르게 되어 있습니다.
유나　근무 시간은 몇 시부터 몇 시까지인가요?
점장　오후 5시부터 10시까지입니다. 나중에 연락드릴 테니까 여기에 연락처를 써 주세요.
유나　네, 알겠습니다. 연락 기다릴 테니까 잘 부탁합니다.

Plus

マクドナルド

일본에서는 맥도날드를 マクドナルド라고 발음합니다. 이름이 길다 보니 줄여서 도쿄 중심 지역은 マック, 오사카 중심 지역은 マクド라고 하며, 동사로 '맥도날드에 가다'를 マックする라고도 합니다.

うちの時給(じきゅう)

일본도 우리나라처럼 최저 시급이 있습니다. 각 지역마다 차이는 있지만 도쿄의 경우는 최저 시급이 907엔으로 일본 내에서도 가장 높아요.

初(はじ)め

初め는 '(경험상, 시간상) 처음으로'라는 뜻을 나타내는 말이에요. 이와 비슷한 표현에 始(はじ)め가 있는데, 始め는 '(순서상, 일에 관련해) 시작, 맨 처음'이라는 뜻을 나타낸다는 점에서 조금 차이가 있습니다.

예 バイトは初めてです。아르바이트는 처음이에요.
まず、始めに自己紹介(じこしょうかい)からお願(ねが)いします。
우선 먼저 자기소개부터 해 주세요.

유나의 일기
‘ユナの日記’

アルバイトを探そう。

日本の生活にもずいぶん慣れたし、このままずっと親にお金を送ってもらうわけにはいかないので、アルバイトをすることにした。たまたまアルバイトを募集しているお店があったので、面接に行った。韓国のマクドナルドで、働いたことはあるけど、日本では初めてで、面接の時にちょっと緊張した。店長が、日本人じゃなくても日本語ができるならいいと言ってくれたのでほっとした。時給は韓国の２倍ぐらいで満足できる金額だった。それに３ヶ月経ったら、時給も上がることになっているらしい。連絡先を書いておいてきたけど連絡が来るかどうかはわからない。あそこで働けたらいいなあ。

일본 생활에도 꽤 익숙해졌고 이대로 계속 부모님에게 돈을 송금받을 수 없어서 아르바이트를 하기로 했다. 마침 아르바이트를 모집하는 가게가 있어서 면접을 보러 갔다. 한국의 맥도날드에서 일해 본 적은 있지만, 일본에서는 처음이라 면접볼 때 좀 긴장했다. 점장분이 일본인이 아니어도 일본어를 할 줄 알면 상관없다고 말해 줘서 안심했다. 시급은 한국의 두 배정도 돼서 만족할 수 있는 금액이었다. 게다가 3개월이 지나면 시급도 올라가게 되어 있는것 같다. 연락처를 적어 두고 왔지만 연락이 올지 어떨지는 모르겠다. 그곳에서 일할 수 있으면 좋겠다.

探(さが)す 찾다 | たまたま 마침, 우연히 | 働(はたら)く 일하다 | 緊張(きんちょう)する 긴장하다 | ほっとする 안심하다 | ～倍(ばい) ～배 | 満足(まんぞく) 만족 | 金額(きんがく) 금액 | それに 그런데도, 게다가 | 経(た)つ (시간이) 흐르다, 지나다 | ～かどうか ～일지 어떨지 | なあ ～구나, ～일까(감탄을 나타내는 종조사 な에 あ가 붙어 장음으로 읽음)

成田山 なりたさん 나리타산

▲ 나리타산신쇼지

놓치면 아쉬울 나리타산

나리타산은 나리타 국제공항에서 가까운 관광지로, 거리에는 일본의 전통이 그대로 남아 있습니다. 하쓰모데初詣(はつもうで)(신사에서 새해 첫 인사를 드리는 일)로 유명한 절 나리타산신쇼지成田山新勝寺(なりたさんしんしょうじ)와, 절까지 이어지는 전통 상점가인 나리타산오모테산도成田山表参道(なりたさんおもてさんどう)는 2~3시간의 여유가 있으면 충분히 돌아볼 수 있어서 나리타 국제공항에서 시간이 남을 때 짬을 내어 여행하기 좋아요.

나리타산신쇼지

나리타산신쇼지는 나리타를 대표하는 절로 가내 안전과 교통 안전을 기원합니다. 국가 지정 중요 문화재로 지정된 인왕문仁王門(におうもん), 부동명왕不動明王(ふどうみょうおう)을 본존으로 모시고 있는 대본당大本堂(だいほんどう), 높이 25m의 삼중탑 등 경내의 볼거리도 다양해요. 절과 이어져 있는 나리타산 공원은 커다란 세 개의 연못을 중심으로 일본 정원이 아름답게 조성되어 있습니다.

▲ 나리타산신쇼지의 경내

▲ 갓 구운 수제 센베이

나리타산 오모테산도

나리타 역에서 나리타산신쇼지까지 이어지는 길은 목조 건물, 나무로 만든 간판, 노렌 등이 있어 일본색이 진한 전통 상점가입니다. 일본 젓가락집, 수제 바구니집, 일본식 야채절임집漬物屋(つけものや) 등 특화된 가게가 많아서 기념품을 구입하기도 좋아요.

갓 구운 수제 센베이せんべい, 아마타로야키甘太郎焼き(あまたろうやき), 군밤 등 길거리 음식도 많으니 출출하다면 군것질을 하면서 둘러보세요.

お作りになっておくと
便利だと思います。
通帳はどうやって
作りますか。
サインでも
かまいませんか。

PART 12

계좌 개설은 어려워

- **どうやって～**
  어떻게 (해서)～
- **～て(で)もかまいません**
  ～이라도 상관없습니다
- **～ておく**
  ～해 두다
- **～のこと**
  ～을 말함

핵·심·문·형

01 通帳(つうちょう)は どうやって 作(つく)りますか。

통장은 어떻게 만드나요?

通帳(つうちょう) 통장

~番(ばん) ~번

コピー機(き) 복사기

コイン 코인, 동전

スタート 스타트, 시작

ボタン 버튼

どうやって~ 어떻게 (해서)~

どうやって~는 의문사 どう '어떻게'와 동사 やる '하다'가 합쳐진 말로, '어떻게 (해서)~'라는 뜻을 나타내요. 주로 길이나 방법을 물을 때 쓰는 표현으로, 여기서는 통장을 만드는 방법을 물었네요.

예 A 新宿駅(しんじゅくえき)までどうやって行(い)きますか。

신주쿠 역까지 어떻게 갑니까?

B ここから16番(ばん)バスに乗(の)ると新宿駅まで行けます。

여기서 16번 버스를 타면 신주쿠 역까지 갈 수 있습니다.

A このコピー機(き)はどうやって使(つか)いますか。

이 복사기는 어떻게 사용합니까?

B コインを入(い)れてスタートボタンを押(お)してください。

동전을 넣고 시작 버튼을 눌러 주세요.

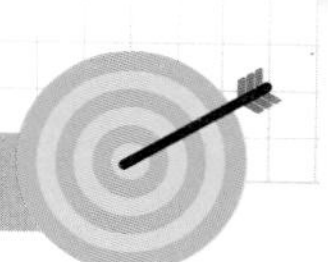

02 印鑑(いんかん)は　持(も)ってないんですが、
도장은　가지고 있지 않은데,

サインでも　かまいませんか。
사인이라도　상관없나요?

印鑑(いんかん) 도장, 인감
サイン 사인, 서명
シャネル 샤넬
バッグ 백, 가방
はんこ 도장

동사 持つ에는 '들다, 소유하다'라는 두 가지 뜻이 있어서, 持っています는 문맥에 따라 '손에 들고 있다' 또는 '현재 가지고(소유하고) 있다'로 해석할 수 있습니다.

예 かばんを持っています。 가방을 들고 있습니다.

シャネルのバッグを持っています。 샤넬 백을 가지고 있습니다.

위 문장에서는 '도장을 지금 가지고 있지 않다'라는 의미로 쓰였어요. 회화체에서는 ~ています에서 い가 빠지는 경우가 많기 때문에 持ってないんです가 된 거죠.

예 彼(かれ)は寝(ね)ている。 = 彼は寝てる。 그는 자고 있다.

今(いま)、何(なに)していますか。 = 今、何してますか。 지금 뭐 해요?

～て(で)もかまいません ~이라도 상관없습니다

'~이라도, ~해도'라는 뜻의 ~て(で)も에 かまいません(상관없습니다)이 붙어서 ~て(で)もかまいません '~이라(해)도 상관없습니다'라는 표현이 됩니다.

예 コーヒーでもかまいません。 커피라도 상관없습니다.

赤(あか)いペンで書(か)いてもかまいません。 빨간 펜으로 써도 상관없습니다.

'~아니어도(안 해도) 상관없습니다'라는 부정 표현은 ~(じゃ)なくてもかまいません입니다.

예 コーヒーじゃなくてもかまいません。 커피가 아니어도 상관없습니다.

赤いペンで書かなくてもかまいません。 빨간 펜으로 쓰지 않아도 상관없습니다.

'도장'이라는 뜻의 단어로는 印鑑과 はんこ 두 가지가 있습니다. 둘 다 사용하지만 印鑑이 더 공식적인 느낌이에요.

핵·심·문·형

03 お作(つく)りになっておくと 便利(べんり)だと思(おも)います。

만들어 두시면 / 편하실 것 같은데요.

もう 이제, 벌써
予約(よやく) 예약
資料(しりょう) 자료

~ておく ~해 두다

「동사 て형+おく」는 '미리 어떤 것을 준비하다'라는 의미로 우리말의 '~해 두다'와 같은 쓰임의 표현입니다. 회화체에서는 ~て(で)おく가 ~と(ど)く가 돼요.

예 ホテルの予約(よやく)はもうしておきました。

= ホテルの予約はもうしときました。

호텔 예약은 이미 해 두었습니다.

この資料(しりょう)を読(よ)んでおいてください。

= この資料を読んどいてください。

이 자료를 읽어 두세요.

~と思いますは 추측이나 자신의 의견을 말할 때 쓰는 표현으로 '~(인)일 것 같습니다, ~라고 생각합니다'로 해석하면 됩니다. 위 문장에서는 '통장을 만들어 두면 편리할 것이다'라는 은행 직원의 의견을 나타냈죠.

예 彼(かれ)はもう寝(ね)ていると思います。

그는 벌써 자고 있을 것 같아요.

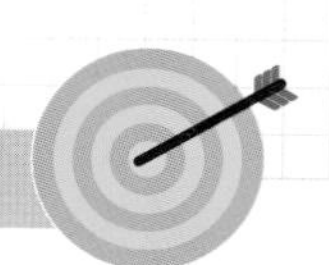

04 預金(よきん)の金額(きんがく)だけ 買(か)い物(もの)が できる カードのことです。

예금 금액만큼 / 쇼핑을 / 할 수 있는 / 카드를 말합니다.

~だけ는 주로 '~뿐, ~만'이라는 한정, 한도를 나타내는 조사인데, '~만큼, ~만큼만'이라는 한정된 분량을 나타내는 뜻으로도 쓰입니다. 여기서는 예금 금액만큼이라는 한정된 금액을 나타내고 있죠.

예 私(わたし)だけが知(し)っています。

나만 알고 있습니다. (한정)

塩(しお)を300円分(えんぶん)だけください。

소금을 300엔어치만 주세요. (한정된 분량)

~のこと ~을 말함

~のこと는 '~이란 뜻, ~을 말함'이라는 표현으로 ~って何(なん)ですか(~이란 무엇입니까?)등의 질문에 대답할 때 쓸 수 있는 표현입니다.

예 A キャッシュカードって何(なん)ですか。

캐시 카드가 뭐예요?

B 現金(げんきん)が引(ひ)き出(だ)せるカードのことです。

현금을 인출할 수 있는 카드라는 뜻이에요.

A 100枚弱(まいじゃく)とは何枚(なんまい)のことですか。

100장 약이라는 건 몇 장을 말하는 겁니까?

B 通常(つうじょう)、91枚以上(いじょう)99枚以下(いか)のことを言(い)います。

보통, 91장 이상 99장 이하를 말합니다.

預金(よきん) 예금
金額(きんがく) 금액
カード 카드
知(し)る 알다
塩(しお) 소금
~分(ぶん) ~분, ~치
キャッシュカード 캐시 카드
現金(げんきん) 현금
引(ひ)き出(だ)す (예금을) 인출하다
~枚(まい) ~장
~弱(じゃく) ~약, (어떤 수량에 조금 모자란 상태)
通常(つうじょう) 통상, 보통
以上(いじょう) 이상
以下(いか) 이하

문·형·연·습

01 MP3_12_01

通帳(つうちょう)はどうやって作(つく)りますか。

통장은 어떻게 만드나요?

① このサラダ / 作る

② ATM(エーティーエム) / 使(つか)う

③ 運転免許(うんてんめんきょ) / 取(と)る

④ ビザ / 更新(こうしん)する

サラダ 샐러드 | 運転免許(うんてんめんきょ)を取(と)る 운전면허를 따다 | ビザ 비자 | 更新(こうしん)する 갱신하다

02 MP3_12_02

印鑑(いんかん)は持(も)ってないんですが、サインでもかまいませんか。

도장은 가지고 있지 않은데, 사인이라도 상관없나요?

① 今日(きょう)は時間(じかん)がない / 明日(あした)

② この赤(あか)い靴(くつ)は今(いま)売(う)り切(き)れ / 黒(くろ)い靴

③ ケータイは持(も)ってない / 家(いえ)の電話番号(でんわばんごう)

④ キムさんは今日会社(かいしゃ)を休(やす)んでいる / 代(か)わりに田中(たなか)さん

売(う)り切(き)れ 품절, 매진 | ケータイ 휴대폰, 휴대전화 | 代(か)わりに 대신에

03 MP3_12_03

お作(つく)りになっておくと便利(べんり)だと思(おも)います。

만들어 두시면 편하실 것 같은데요.

① 資料(しりょう)を読(よ)む

② 自己紹介文(じこしょうかいぶん)を書(か)く

③ ホテルの予約(よやく)をする

④ ショートカットキーを覚(おぼ)える

自己紹介文(じこしょうかいぶん) 자기소개서 | ショートカットキー 단축키

04 MP3_12_04

預金(よきん)の金額(きんがく)だけ買(か)い物(もの)ができるカードのことです。

예금 금액만큼 쇼핑을 할 수 있는 카드를 말합니다.

① ブスってあまり魅力(みりょく)のない女(おんな)の子(こ)

② プータローって仕事(しごと)しないでごろごろしている人(ひと)

③ フリーターって就職(しゅうしょく)しないでアルバイトだけしている人

④ オタクって家に引(ひ)きこもって興味分野(きょうみぶんや)にどっぷりはまってる人

ブス 못생긴 여자 | 魅力(みりょく) 매력 | プータロー 백수 | ごろごろ 빈둥빈둥 | フリーター 프리터(아르바이트로 사는 자유직업인) | 就職(しゅうしょく) 취직 | オタク 오타쿠(자기만의 취미나 분야에 몰두하는 사람) | 引(ひ)きこもる (집에) 틀어박히다 | 興味(きょうみ) 흥미 | 分野(ぶんや) 분야 | どっぷり 푹, 어떤 것에 완전히 빠져 있는 모양 | はまる 빠지다, 빠져들다

실·전·회·화

MP3_12_05

● 계좌를 개설하기 위해 은행에 간 유나. 처음 들어 보는 단어에 어리둥절해 하는데….

ユナ　口座(こうざ)を開(ひら)きたいんですが、通帳(つうちょう)はどうやって作(つく)りますか。

窓口(まどぐち)　パスポートと印鑑(いんかん)をお持(も)ちでしたら、お作りできます。

ユナ　印鑑は持ってないんですが、サインでもかまいませんか。

窓口　はい。サインでもかまいません。キャッシュカードもお作りになりますか。

ユナ　はい。お願(ねが)いします。

窓口　デビットカードもお作りになりますか。お作りになっておくと便利(べんり)だと思(おも)います。

ユナ　デビットカードって何(なん)ですか。

窓口　預金(よきん)の金額(きんがく)だけ買(か)い物(もの)ができるカードのことです。

ユナ　買い物は現金(げんきん)でしますからそれは結構(けっこう)です。

窓口　では、こちらの書類(しょるい)にご記入(きにゅう)ください。

口座(こうざ)を開(ひら)く 계좌를 개설하다 | 窓口(まどぐち) 창구 | パスポート 여권 | デビットカード 데빗 카드, 직불 카드 | 結構(けっこう)だ 괜찮다, 좋다 | 書類(しょるい) 서류 | 記入(きにゅう) 기입

유나 계좌를 개설하고 싶은데요, 통장은 어떻게 만드나요?

창구 직원 여권과 도장을 가지고 계시다면 만드실 수 있습니다.

유나 도장은 가지고 있지 않은데, 사인이라도 상관없나요?

창구 직원 네. 사인이라도 상관없습니다. 캐시 카드도 만드세요?

유나 네. 부탁합니다.

창구 직원 데빗 카드도 만드시나요? 만들어 두시면 편하실 것 같은데요.

유나 데빗 카드가 뭔가요?

창구 직원 예금 금액만큼 쇼핑을 할 수 있는 카드를 말합니다.

유나 쇼핑은 현금으로 하니까 그건 괜찮습니다.

창구 직원 그럼, 이쪽 서류에 기입해 주세요.

Plus

お持(も)ちでしたら

お持ちだったら보다 정중한 표현으로 '가지고 계시다면'이라는 뜻입니다.

～って何(なん)ですか

～というのは何ですか(～이란 무엇입니까?)의 축약형입니다. 흔히 ～が何ですか(～이 무엇입니까?)라고 하기 쉬운데 일본어로는 부자연스러운 표현입니다.

ご記入(きにゅう)ください

記入してくださいにおいて ～してくださいの 존경 표현은 「お(ご)+동사 ます형 · 동작성 명사+ください」가 됩니다.

유나의 일기
'ユナの日記'

日本で口座を作った。

今日は口座を作りに銀行に行った。行く前に前もって、銀行で必要な表現を覚えたが、窓口で話してる時、意味のわからない単語がときどき出てきた。でも、窓口の人が私が外国人なのに気づいて、ゆっくり話して、わからない言葉の意味も親切に説明してくれた。外国人が口座を開くにはパスポートと印鑑が必要だったけど、パスポートしか持っていなくて、印鑑の代わりにサインを使った。また、デビットカードっていう新しい言葉も覚えたけど、預金の分だけ、買い物ができるカードのことだった。やっぱり外国語って、現地で直接使ってみながら、身につけるのが効果的だと思う。これから生きた日本語を覚えるように、いろんなところで使ってみよう。

오늘은 계좌를 만들러 은행에 갔다. 가기 전에 미리 은행에서 필요한 표현들을 외웠지만 창구에서 말하는 도중 뜻을 모르는 단어가 종종 나왔다. 하지만 창구 직원이 내가 외국인인 걸 알아채고, 천천히 말해 주며 모르는 단어의 뜻도 친절하게 설명해 주었다. 외국인이 계좌를 개설하려면 여권과 도장이 필요했는데, 여권밖에 가지고 있지 않아서 도장 대신 사인을 했다. 또 데빗 카드라는 새로운 단어도 배우게 됐는데, 예금 금액만큼 쇼핑할 수 있는 카드를 말하는 것이었다. 역시 외국어는 현지에서 직접 사용해 보며 익히는 것이 효과적인 것 같다. 이제부터 생생한 일본어를 익힐 수 있게 여러 곳에서 써 봐야지.

銀行(ぎんこう) 은행 | 前(まえ)もって 미리 | 必要(ひつよう)だ 필요하다 | 表現(ひょうげん) 표현 | 意味(いみ) 의미 | 単語(たんご) 단어 | ときどき 때때로, 종종 | 出(で)てくる 나오다 | 外国人(がいこくじん) 외국인 | 気(き)づく 눈치채다, 알아차리다 | 言葉(ことば) 말, 단어 | 親切(しんせつ)だ 친절하다 | 説明(せつめい)する 설명하다 | やっぱり 역시 | 外国語(がいこくご) 외국어 | 現地(げんち) 현지 | 直接(ちょくせつ) 직접 | 身(み)につける 익히다, 습득하다 | 効果的(こうかてき) 효과적 | 生(い)きる 생생하다 | ～ように ～하도록 | いろんな 여러 가지의, 다양한

高尾山たかおさん 다카오 산

▲ 다카오 산의 기념품 가게

인기 만점 다카오 산

다카오 산은 연간 260만 명의 등산객이 찾는 곳으로, 해발 599m의 정상에 서면 후지 산이 보입니다. 한국에는 많이 알려져 있지 않지만, 미슐랭 가이드에서 최고 등급인 별 3개로 평가될 만큼 외국인에게도 인기 많은 관광지예요. 수행자들이 도를 닦기 위해 찾는 신령한 산으로, 수많은 절과 신사가 산 정상까지 계속 이어집니다.

다카오 산에서 소원 빌기

소원을 이루어 준다는 신사에서 돈을 물로 씻으며 돈이 불게 해 달라고 빌거나, 5엔짜리 동전에 빨간 실을 달아서 연인을 찾게 해 달라고 비는 모습도 재미있고, 뿌리가 문어 모양으로 자란 37m의 커다란 삼나무인 다코스기たこ杉(すぎ)에는 행운을 비는 사람들이 늘 줄을 섭니다. 산, 나무, 돌 등 자연의 모든 것에 영혼이 있다고 믿는 일본의 신도(神道(しんとう))를 다카오 산 전체에서 느낄 수 있습니다.

▲ 다카오 산의 마스코트, 덴구

▲ 덴구 석상

다카오 산의 덴구

다카오 산의 마스코트는 붉은 얼굴에 커다란 코를 가진 산의 정령 덴구天狗(てんぐ)입니다. 커다란 덴구의 모습을 한 동상, 석상들이 다카오 산을 지키고 있고, 기념품 가게에서는 덴구 모양의 인형을 판매해요. 산어귀부터 정상까지 각종 기념품과 먹거리를 파는 가게들이 심심치 않게 나타나니 입이 심심할 때는 떡을 꼬치에 끼워서 구워 먹는 당고団子(だんご)도 맛보세요.

窓を開けっぱなし
にして寝たら。
風邪気味だと
思うけど。
love

PART 13

감기에 걸린 것 같아요

- ~気味(ぎみ)

~기운

- ~ていく

~해 가다

- ~わけではない

~인 건 아니다

- ~っぱなし

계속 ~한 상태로 둠

© Takamex / Shutterstock.com

핵·심·문·형

01 風邪気味だと思うけど。

감기 기운인 것 같은데.

～気味 ～기운

「명사/동사 ます형+気味」는 '~하는 기미, 기운, 경향이 있다'라는 의미입니다.

예 工事は遅れ気味で12月までに完成するかどうかわからない。

공사는 늦어지는 기미라서 12월까지 완공될지 어떨지 모르겠다.

A 退院してからよく食べるようになりましたか。

퇴원하고 나서 잘 먹게 되었나요?

B ええ、それで最近ちょっと太り気味なんです。

예, 그래서 요즘에 살이 찌는 것 같아요.

신체 증상을 나타내는 말 뒤에 気味가 붙으면 우리말의 '~기가 있다'라는 뜻이 됩니다.

예 下痢気味だ 설사기가 있다

黄疸気味だ 황달기가 있다

명사 気味는 '기분'이라는 뜻입니다.

예 気味悪い 어쩐지 기분이 나쁘다　気味がいい 기분이 좋다

風邪 감기
工事 공사
遅れる 늦다
完成する 완성하다
退院する 퇴원하다
～ように ～하게, ～하도록
それで 그래서
最近 최근, 요즘
太る 살찌다
下痢 설사
黄疸 황달

02 病院(びょういん)へ 連(つ)れていって あげようか。

병원에 데려가 줄까?

病院(びょういん) 병원

連(つ)れる 데려가다, 데려오다, 동행하다

傘(かさ) 우산

だんだん 점점

冷(ひ)え込(こ)む 기온이 떨어지다

～ていく ～해 가다

～ていく는 '～하고 가다(동작의 이동), ～해져 가다(상태의 변화)' 두 가지 의미로 쓰입니다. ～ている와 마찬가지로 ～ていく도 일상 회화에서는 い가 생략되는 경우가 많습니다. 좀 더 자연스럽게 말하기 위해서는 생략된 형태에도 익숙해져야겠죠?

❶ 동작의 이동 (～하고 가다)

学校(がっこう)に行(い)く前(まえ)に何(なに)か食(た)べていく？ ＝ 学校に行く前に何か食べてく？

학교에 가기 전에 뭔가 먹고 갈래?

傘(かさ)を持(も)っていってください。 ＝ 傘を持ってってください。

우산을 가지고 가세요.

❷ 상태의 변화 (～해져 가다)

だんだん大(おお)きくなっていきます。

점점 커져 갑니다. (현재 시점부터 계속 커질 것이라는 뉘앙스)

冷(ひ)え込(こ)んでいきます。

날씨가 쌀쌀해질 것입니다. (현재 시점부터 계속 추운 날씨가 이어질 것이라는 뉘앙스)

～てあげる는 '상대방에게 내가 어떤 행동을 해 주다'라는 의미로, 손아랫사람이나 친한 사람에게만 쓰는 표현입니다. 듣는 사람이 나와 그다지 친하지 않고, 윗사람일 경우에는 '베푸는 듯한 인상'을 주기 때문에 직접 쓰는 것은 피해야 한다는 것에 주의하세요.

이 문장에서는 「連れていく＋あげる」의 형태이기 때문에 連れていってあげる가 되었죠. 여기에 '～할까'라는 의향형 ～(よ)うか가 붙어서 連れていってあげようか가 된 거예요.

핵·심·문·형

03 道を 知らないわけじゃないですから。

길을 모르는 건 아니니까요.

知る 알다
レストラン 레스토랑
客 손님
いっぱいだ 가득하다
特別に 특별히

~わけではない ~인 건 아니다

~わけではない는 '~인 것은 아니다'라는 의미로, 현재의 상황이나 직전에 한 말로부터 당연히 예상되는 사항을 부정하는 데 사용하는 표현입니다. 위 문장에서는 では가 じゃ로 축약된 형태로 쓰였어요. だからといって(그렇다고 해서), 別に(별로), 特に(특히) 등과 함께 사용하는 경우가 많습니다.
위 문장에서는 知らない 뒤에 접속해서 '모르는 건 아니다' 즉 '알고 있다'라는 이중부정의 긍정 표현으로 쓰였습니다.

예 このレストランはいつも客がいっぱいだが、だからといって特別においしいわけではない。

이 레스토랑은 언제나 손님이 많지만, 그렇다고 해서 특별히 맛있는 것은 아니다.

위 문장에서는 '항상 손님으로 가득한 레스토랑의 모습에서 요리가 맛있다라는 결론이 유도되지만, 꼭 그렇지만은 않다'라고 부정하고 있죠? おいしいわけではない는 おいしくない라는 직접적인 부정과 비교하면 간접적인 부정이 되기 때문에 완곡한 표현이 됩니다.

! な형용사의 현재 긍정과 접속할 경우는 な형용사의 명사수식형에 접속하여, ~なわけではない가 됩니다.

예 私は料理をしないが、特に料理が嫌いなわけではないです。

나는 요리를 안 하지만, 특별히 요리를 싫어하는 것은 아니에요.

+ '~을 싫어하다'라고 할 때 우리말에서는 조사 '을'을 쓰지만 일본어에서는 嫌いだ 앞에 조사 が를 씁니다.

예 ~が嫌いだ(○)　~を嫌いだ(×)

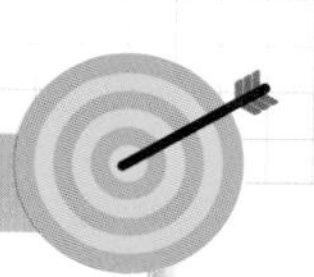

04 窓を 開けっぱなしにして 寝たら ちょっと 体が だるいんです。

(まど / あ / ね / からだ)

창문을 열어 둔 채로 잤더니 좀 몸이 나른해요.

窓(まど) 창문
だるい 나른하다, 노곤하다
水道(すいどう)を出(だ)す 수도를 틀다
床(ゆか) 바닥, 마루
ごみ 쓰레기
片付(かたづ)ける 정리하다, 치우다
勝(か)つ 이기다

～っぱなし 계속 ~한 상태로 둠

「동사 ます형+っぱなし」는 '~한 채 그냥 둠'이라는 의미입니다. 당연히 해야 할 일을 하지 않고 그대로 둘 때 자주 쓰는 표현이에요. 주로 명사의 형태로 쓰이거나 ～っぱなしにする 형태로 쓰입니다.

예 水道(すいどう)を出(だ)しっぱなしにしないでください。
수도를 계속 틀어 놓지 마세요.

床(ゆか)におきっぱなしのごみから片付(かたづ)けるのよ。
바닥에 내버려 둔 쓰레기부터 치워야 해.

～っぱなし는 勝(か)ちっぱなし(연승), 言(い)いっぱなし(계속 말함, 또는 자기 말만 함)와 같이 '계속 ~만 함'이라는 뜻을 나타낼 때도 쓰입니다.

～たら는 '~하면'이라는 조건의 뜻 외에 '~했더니'라고 해석하는 경우도 있습니다.

예 家(いえ)を出(で)たら12時(じ)だった。
집을 나오니 12시였다.

ドアを開けたら人(ひと)がいました。
문을 여니 사람이 있었습니다.

문·형·연·습

01 MP3_13_01

風邪(かぜ)気味(ぎみ)だと思(おも)うけど。 감기 기운인 것 같은데.

① 緊張(きんちょう)
② 下痢(げり)
③ 疲(つか)れる
④ 成績(せいせき)が下(さ)がる

緊張(きんちょう) 긴장 | 疲(つか)れる 지치다, 피로해지다 | 成績(せいせき) 성적 | 下(さ)がる 내려가다, 떨어지다

02 MP3_13_02

病院(びょういん)へ連(つ)れていってあげようか。 병원에 데려가 줄까?

① 家(いえ)まで送(おく)る
② 車(くるま)に乗(の)せる
③ 荷物(にもつ)を持(も)つ
④ お土産(みやげ)を買(か)う

送(おく)る 보내다, 배웅하다 | 乗(の)せる 싣다, 태우다 | 荷物(にもつ) 짐, 화물 | お土産(みやげ) 선물(여행지 등에서 사 가는 선물)

03 MP3_13_03

道(みち)を知(し)らないわけじゃないですから。 길을 모르는 건 아니니까요.

① まだ独身(どくしん)だからといって結婚(けっこん)したくない

② 留学(りゅうがく)したからといってみんな英語(えいご)が上手(じょうず)だ

③ 流行(はや)ってるからといってみんなが知っている

④ 試験(しけん)に落(お)ちたからといって一生懸命勉強(いっしょうけんめいべんきょう)しなかった

独身(どくしん) 독신 | だからといって 그렇다고 해서 | 留学(りゅうがく)する 유학하다 | 流行(はや)る 유행하다 | 試験(しけん) 시험 | 落(お)ちる 떨어지다 | 一生懸命(いっしょうけんめい) 열심히

04 MP3_13_04

窓(まど)を開(あ)けっぱなしにして寝(ね)たらちょっと体(からだ)がだるいんです。
창문을 열어 둔 채로 잤더니 좀 몸이 나른해요.

① 電気(でんき)をつける / 眠(ねむ)った

② 布団(ふとん)を敷(し)く / 出(で)かけた

③ 水道(すいどう)の水(みず)を出(だ)す / テレビを見(み)た

④ エアコンをつける / 風邪(かぜ)を引(ひ)いた

電気(でんき)をつける 전등을 켜다 | 眠(ねむ)る 잠자다 | 布団(ふとん) 이불 | 敷(し)く 깔다, 펴다 | 出(で)かける 외출하다 | 水道(すいどう) 수도 | 水(みず)を出(だ)す 물을 틀다 | テレビ 텔레비전 | エアコン 에어컨

실·전·회·화

MP3_13_05

● 몸이 나른하니 감기 기운이 있는 유나. 혼자 병원을 찾아가 의사 선생님에게 진료를 받는데….

杉本(すぎもと)　ユナ、どうしたの？ 顔色(かおいろ)が悪(わる)いよ。

ユナ　頭(あたま)が痛(いた)くて、少(すこ)し体(からだ)の調子(ちょうし)がわるいんです。

杉本　風邪(かぜ)気味(ぎみ)だと思(おも)うけど。病院(びょういん)へ連(つ)れていってあげようか。

ユナ　大丈夫(だいじょうぶ)です。道(みち)を知(し)らないわけじゃないですから。
一人(ひとり)で行(い)ってみます。

病院で

医者(いしゃ)　どうかしましたか。

ユナ　昨日(きのう)窓(まど)を開(あ)けっぱなしにして寝(ね)たらちょっと体がだるいんです。

医者　ちょっと診(み)てみましょう。少し熱(ねつ)がありますね。
せきも出(で)ますか。

ユナ　はい、せきはひどいし、鼻(はな)もつまっています。

医者　風邪ですね。３日分(みっかぶん)の薬(くすり)を出(だ)しますので
飲(の)んでもよくならなかったらまた来(き)てください。

ユナ　わかりました。ありがとうございました。

顔色(かおいろ)が悪(わる)い 안색이 나쁘다 | 調子(ちょうし) 상태, 곡조 | 医者(いしゃ) 의사 | 診(み)る 보다, 진찰하다 | 熱(ねつ) 열 | せきが出(で)る 기침이 나다 | ひどい 심하다 | 鼻(はな)がつまる 코가 막히다 | ～分(ぶん) ～분, ～치 | 薬(くすり)を出(だ)す 약을 처방하다 | よくなる 좋아지다, 나아지다

스기모토　유나, 왜 그러니? 얼굴색이 안 좋구나.

유나　머리가 아프고, 조금 몸 상태가 안 좋아요.

스기모토　감기 기운인 것 같은데. 병원에 데려가 줄까?

유나　괜찮아요. 길을 모르는 건 아니니까요. 혼자 가 볼게요.

병원에서

의사　어디가 안 좋으세요?

유나　어제 창문을 열어 둔 채로 잤더니 좀 몸이 나른해요.

의사　좀 봐 봅시다. 열이 좀 있네요. 기침도 나나요?

유나　네, 기침이 심하고, 코도 막혔어요.

의사　감기네요. 3일 치 약을 처방해 드릴 테니까 약을 먹어도 잘 낫지 않으면 또 오세요.

유나　알겠어요. 감사합니다.

Plus

どうしたの？

'왜 그래, 무슨 일이야?'라는 뜻으로, 정중체는 どうしたんですか(무슨 일 있으세요?, 왜 그러세요?)입니다.

どうかしましたか

どうしたんですか와 같은 의미지만, 좀 더 사무적으로 묻는 표현입니다.

薬(くすり)を飲(の)む

우리말로는 '약을 먹다'이지만, 일본어에서는 '먹다'의 食(た)べる가 아닌 '마시다'의 飲む를 써서 薬を飲む라고 합니다.

유나의 일기

'ユナの日記'

風邪(かぜ)を引(ひ)いちゃった。

昨日(きのう)、窓(まど)を開(あ)けっぱなしにして寝(ね)たからか、朝(あさ)から風邪気味(ぎみ)だった。おばさんが病院(びょういん)へ連(つ)れていってくれるって言(い)ってくれたけど、一人(ひとり)で行(い)くことにした。まだ、このあたりの道(みち)に詳(くわ)しくなくて、一時間(いちじかん)かかってたどり着(つ)いた。私(わたし)は前(まえ)もって勉強(べんきょう)しておいた表現(ひょうげん)で症状(しょうじょう)を詳しく説明(せつめい)した。お医者(いしゃ)さんに診(み)てもらった後(あと)、三日分(みっかぶん)の薬(くすり)を出(だ)してもらった。韓国(かんこく)でもめったに風邪を引かなかったのに、ここ数日(すうじつ)、あちこちほっつき歩(ある)いて無理(むり)したようだ。風邪にはゆっくり休(やす)むのが一番(いちばん)だというから、よくなるまで、学校(がっこう)が終(お)わったらすぐ帰(かえ)って、休まなきゃ。

어제 창문을 열고 자서인지 아침부터 감기 기운이 있었다. 스기모토 아주머니가 병원에 데려다 주신다고 했지만, 혼자 가 보기로 했다. 아직 이 근처의 길을 잘 몰라서, 한 시간 만에 겨우 찾아갔다. 나는 미리 공부해 둔 표현으로 증상을 자세히 설명했다. 의사 선생님에게 진찰을 받은 뒤, 3일 치 약을 처방받았다. 한국에서도 좀처럼 감기에 걸리지 않았는데, 요 며칠 여기저기 돌아다녀서 무리한 모양이다. 감기에는 푹 쉬는 것이 제일이라고 하니까, 나을 때까지 학교가 끝나면 곧장 집에 와서 쉬어야겠다.

～からか ～이기 때문인지 | 朝(あさ) 아침 | あたり 근처, 주위 | 詳(くわ)しい 자세하다, 잘 알고 있다 | たどり着(つ)く 길을 물어가며 겨우 도착하다 | 前(まえ)もって 미리 | ～ておく ～해 두다 | 表現(ひょうげん) 표현 | 症状(しょうじょう) 증상 | 説明(せつめい)する 설명하다 | 後(あと) 뒤, 후 | めったに 좀처럼, 거의(부정) | ここ数日(すうじつ) 요 며칠 | あちこち 여기저기 | ほっつき歩(ある)く 돌아다니다 | 無理(むり)する 무리하다 | ～ようだ ～인 것 같다, ～인 모양이다

Nekoken の ちょこっと 東京サンポ

川越かわごえ 가와고에

작은 에도, 가와고에

▲ 고이노보리

가와고에는 도쿄 옆 사이타마 현埼玉県(さいたまけん) 남서부에 있는 도시로, 에도 시대의 풍경을 그대로 간직해서 작은 에도小江戸(こえど)라고도 불립니다. 일본의 대하 드라마 촬영도 수차례나 했고, 여행 방송에서도 자주 소개되는 지역이에요. 마치 드라마 세트장에서 걸어 다니는 듯한 기분이 들지만, 실제로 영업을 하는 일반 가게들이라 활기도 넘치고, 누구나 자유롭게 구경할 수 있어요.

가시야요코초

5월 5일 어린이날子供の日(こどものひ)이 되면 상점가에는 종이로 만든 잉어 모양의 일본 전통 장식인 고이노보리鯉幟(こいのぼり)가 운동회의 만국기처럼 걸립니다. 아이들이 좋아하는 과자 가게로 가득한 골목길, 가시야요코초菓子屋横丁(かしやよこちょう)도 인기예요. 어린 시절 초등학교 앞 문방구에서 팔던 추억의 불량 식품과 비슷한, 일본의 옛날 과자 다가시駄菓子(だがし)를 팔아요.

▲ 가시야요코초의 풍경

다양한 군것질거리

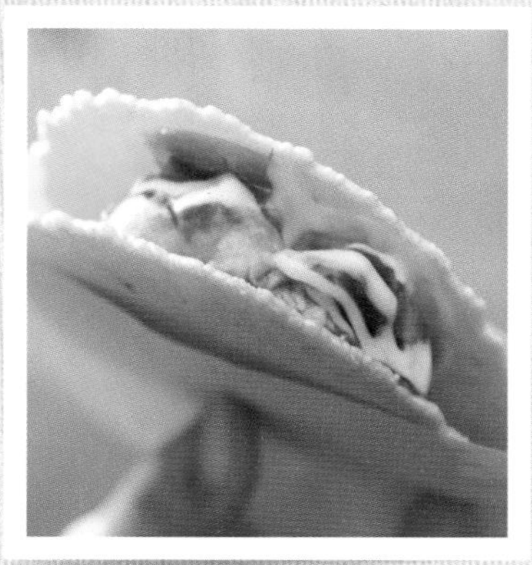

▲ 다코야키 센베이

아이들 키만한 크기의 커다란 후가시ふがし와 다코야키를 센베이에 넣어서 먹는 다코야키 센베이, 색소가 잔뜩 들어 알록달록한 사탕 등 다양한 군것질거리들을 보기만 해도 미소가 절로 지어집니다.
가격도 저렴해서 이것저것 욕심껏 잔뜩 집어 들어도 부담이 없어요. 일본 전통 공예품, 독특한 디자인의 수제품, 각종 전통 잡화 등을 파는 가게도 많아서 기념품을 구입하기도 좋아요.

POST OFFICE
EMSなら
大丈夫です。
10月
水曜日までに
届くように。
韓国に国際郵便を
送りたいんですが。
10X

PART 14

국제 우편을 보내고 싶은데요

- ～たいんですが

  ～하고 싶은데요

- ～までに

  ～까지

- ～なら

  ～이라면

- ～される

  ～되다(수동형)

© Takamex / Shutterstock.com

핵·심·문·형

01 韓国(かんこく)に 国際郵便(こくさいゆうびん)を 送(おく)りたいんですが。

한국에 / 국제 우편을 / 보내고 싶은데요.

~たいんですが ~하고 싶은데요

PART 03에서 ~んです는 배웠죠? ~んですが는 이야기를 꺼내는 기능을 갖는 표현입니다. 뒤에는 주로 의뢰나 권유의 표현, 또는 허가를 구하는 표현 등이 와요. 여기에 '~하고 싶다'라는 뜻의 ~たい가 앞에 붙어서 ~たいんですが '~하고 싶은데요'라는 표현이 만들어졌어요. ~たいんですが 다음에 이어지는 구절이 말하는 사람과 듣는 사람 모두 알고 있는 내용이라서 언급을 하지 않아도 된다면, 위 문장과 같이 생략되는 경우가 많습니다.

예 渋谷(しぶや)に行(い)きたいんですが、どこで降(お)りたらいいですか。
시부야에 가고 싶은데요, 어디서 내리면 됩니까?

お寺(てら)を見学(けんがく)したいんですが、案内(あんない)していただけますか。
절을 견학하고 싶은데요, 안내해 주시겠어요?

国際(こくさい) 국제
郵便(ゆうびん) 우편
送(おく)る 보내다
渋谷(しぶや) 시부야 (지명, 도쿄의 번화가)
降(お)りる (탈것에서) 내리다
お寺(てら) 절
見学(けんがく)する 견학하다
案内(あんない)する 안내하다

02 水曜日(すいようび)までに 届(とど)くように したいんですけど。

수요일까지 도착하도록 하고 싶은데요.

水曜日(すいようび) 수요일
届(とど)く 도착하다
セミナー 세미나
月曜日(げつようび) 월요일
行(おこな)う 개최하다, 열리다

～までに ～까지

'～까지'라는 뜻으로 ～まで를 배웠죠? ～まで는 '어떤 시점까지 계속'이라는 뜻이고, ～までに는 '어떤 시점까지(안에) 완료'라는 뜻입니다. 영어로 비교하자면 ～まで는 until, ～までに는 by가 되는 거죠. 위 문장에서는 늦어도 수요일 안에는 도착하도록 하고 싶다고 말하는 것이니까 水曜日までに가 된 거죠.

예 セミナーは月曜日(げつようび)から水曜日まで行(おこな)います。

세미나는 월요일부터 수요일까지 개최합니다.(세미나는 월요일부터 수요일까지 '계속' 개최한다는 의미)

5時(じ)までに来(き)てください。

5시까지 와 주세요.(5시 안에는 오는 행위를 '완료'해야 된다는 의미)

- 届く는 '물건이 도착하다'라는 뜻이며, '사람이 도착하다'는 着(つ)く 또는 到着(とうちゃく)する를 씁니다.

- ～ようにする는 PART 07에서 배웠죠? '～하도록 하다'라는 뜻이에요. 여기에 핵심문형 01에서 배운 ～たいんですが가 붙어 '～하도록 하고 싶은데요'라는 표현이 되었어요.

～曜日는 회화체에서 日를 빼고 ～曜까지 말하기도 합니다.

예 水曜(すいよう) 수요일　　木曜(もくよう) 목요일

03 EMSなら 大丈夫です。

イーエムエス　だいじょうぶ

EMS라면 괜찮습니다.

天気(てんき) 날씨

向(む)こう 건너편, 맞은편

島(しま) 섬

見(み)える 보이다

レポート 리포트, 보고서

無理(むり)だ 무리다

金曜日(きんようび) 금요일

温泉(おんせん) 온천

白馬(はくば) 하쿠바(지명, 일본 나가노 현에 있는 산촌 마을)

～なら ～이라면

조건형 ～と, ～ば, ～たら, ～なら 중 하나인 ～なら는 주로 어떤 일이 성립되기 위해 필요한 조건을 나타냅니다. 또한 상대방이 말한 것을 전제로 판단을 내리거나 추천을 해 줄 때, 그리고 정보를 줄 때에도 사용해요.

예 いい天気(てんき)なら、向(む)こうに島(しま)が見(み)えます。

날씨가 좋으면 저쪽에 섬이 보입니다. (섬이 보이려면 날씨가 좋아야만 한다는 조건을 제시하는 경우)

A 明日(あした)までにレポートを出(だ)さなければなりませんか。

내일까지 리포트를 내야만 합니까?

B 無理(むり)なら、金曜日(きんようび)までに出してください。

무리라면 금요일까지 제출하세요. (상대방의 말을 듣고 무리일 수도 있다는 판단을 내린 경우)

「명사+なら」는 주로 상대가 꺼낸 화제에 대해 정보를 주는 경우에 쓰입니다.

예 A 温泉(おんせん)に行(い)きたいんですが、どこがいいですか。

온천에 가고 싶은데요, 어디가 좋아요?

B 温泉なら白馬(はくば)がいいですよ。

온천이라면 하쿠바가 좋아요. (온천에 가고 싶다는 상대방의 말을 듣고 정보를 주는 경우)

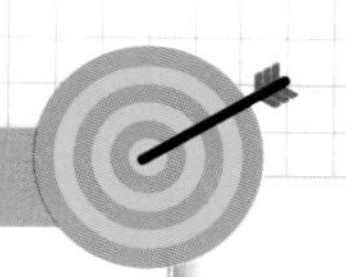

04 荷物(にもつ)が きちんと 配達(はいたつ)されたか 確認(かくにん)できますか。

짐이 제대로 배달되었는지 확인할 수 있나요?

荷物(にもつ) 짐, 화물

きちんと 제대로, 잘

配達(はいたつ)する 배달하다

確認(かくにん)する 확인하다

できる 생기다, 완성되다, 할 수 있다

～される ～되다(수동형)

配達されるは 配達する '배달하다'의 수동형 표현으로 '배달되다'라는 의미입니다. 여기에 '～인지'라는 의미의 か가 붙어서 '～되었는지'라는 뜻이 되었죠.

수동형 만드는 방법

1그룹 동사 (어미를 あ단으로 바꾸고 れる 접속)	叱(しか)る 혼내다 → 叱られる 야단맞다 呼(よ)ぶ 부르다 → 呼ばれる 불리다 言(い)う 말하다 → 言われる 듣다
2그룹 동사 (어미 る를 빼고 られる 접속)	食(た)べる 먹다 → 食べられる 먹히다 忘(わす)れる 잊다 → 忘れられる 잊히다
3그룹 동사	する 하다 → される 되다 来(く)る 오다 → 来(こ)られる 옴을 당하다, 보통 '오다'로 해석

수동형 문장을 만들 때에는 조사가 바뀌기 때문에 주의해야 합니다.

예 荷物を配達します。 짐을 배달합니다.

荷物が配達されます。 짐이 배달됩니다.

先生(せんせい)が学生(がくせい)を叱ります。 선생님이 학생을 혼냅니다.

学生が先生に叱られます。 학생이 선생님에게 야단맞습니다.

できるは するの 가능 동사로, 동작성 명사와 함께 가능형을 만들어 줍니다. 위 문장에서도 確認에 できますか가 붙어 '확인할 수 있습니까?'라는 표현이 되었습니다.

문·형·연·습

01 MP3_14_01

韓国(かんこく)に国際郵便(こくさいゆうびん)を送(おく)りたいんですが。

한국에 국제 우편을 보내고 싶은데요.

① 日本語(にほんご)を習(なら)う
② 歌舞伎(かぶき)を見(み)る
③ パソコンを買(か)う
④ 空港(くうこう)へ友達(ともだち)を迎(むか)えに行(い)く

歌舞伎(かぶき) 가부키(일본 특유의 민중 연극) | パソコン 퍼스널 컴퓨터 | 空港(くうこう) 공항 | 迎(むか)える 맞이하다, 마중하다 | ～に行(い)く ~하러 가다

02 MP3_14_02

水曜日(すいようび)までに届(とど)くようにしたいんですけど。

수요일까지 도착하도록 하고 싶은데요.

① 来月(らいげつ) / 退院(たいいん)できる
② 明日(あした) / 仕事(しごと)が終(お)わる
③ 年末(ねんまつ) / ひらがなが読(よ)める
④ 来週(らいしゅう) / レポートが仕上(しあ)がる

退院(たいいん) 퇴원 | 年末(ねんまつ) 연말 | 仕上(しあ)がる 마무리되다

03 MP3_14_03

EMS(イーエムエス)なら大丈夫(だいじょうぶ)です。

EMS라면 괜찮습니다.

① スキー場(じょう) / 北海道(ほっかいどう)がいい
② 英会話教室(えいかいわきょうしつ) / ノバがいい
③ パン屋(や)さん / 山田(やまだ)パン屋がいい
④ 生(い)け花(ばな) / 田中(たなか)生け花教室がいい

スキー場(じょう) 스키장 | 英会話教室(えいかいわきょうしつ) 영어 회화 교실 | ノバ 노바, 일본의 유명 외국어 학원 | パン屋(や) 빵집 | 生(い)け花(ばな) 꽃꽂이

04 MP3_14_04

荷物(にもつ)がきちんと配達(はいたつ)されたか確認(かくにん)できますか。

짐이 제대로 배달되었는지 확인할 수 있나요?

① 申込(もうしこ)み / 断(ことわ)る
② 展示会(てんじかい) / 開(ひら)く
③ 泥棒(どろぼう) / 捕(つか)まえる
④ ファックス / 送る

申込(もうしこ)み 신청 | 断(ことわ)る 거절하다 | 展示会(てんじかい) 전시회 | 開(ひら)く 열리다, 개최하다 | 泥棒(どろぼう) 도둑 | 捕(つか)まえる 붙잡다 | ファックス 팩스

실·전·회·화

MP3_14_05

- 아르바이트를 해서 받은 첫 월급으로 부모님의 선물을 산 유나. 한국으로 국제 우편을 보내기 위해 우체국에 가는데….

ユナ　韓国(かんこく)に国際郵便(こくさいゆうびん)を送(おく)りたいんですが。

職員(しょくいん)　EMS(イーエムエス)と航空便(こうくうびん)がありますが。

ユナ　EMSだと韓国まで届(とど)くのにどのくらいかかりますか。

職員　2、3日(にち)かかります。

ユナ　水曜日(すいようび)までに届くようにしたいんですけど。

職員　あと3日(みっか)ありますからEMSなら大丈夫(だいじょうぶ)です。

ユナ　荷物(にもつ)がきちんと配達(はいたつ)されたか確認(かくにん)できますか。

職員　はい、配達結果(けっか)をファックスなどでお届けしますので、ご確認できます。

職員(しょくいん) 직원 | 航空便(こうくうびん) 항공 편 | どのくらい 어느 정도 | あと 앞으로 | 結果(けっか) 결과 | ~など ~따위, ~등 | 届(とど)ける 보내다, 전하다

유나　한국에 국제 우편을 보내고 싶은데요.

직원　EMS와 항공편이 있습니다만.

유나　EMS라면 한국까지 도착하는 데 어느 정도 걸려요?

직원　2~3일 걸립니다.

유나　수요일까지 도착하도록 하고 싶은데요.

직원　앞으로 3일 있으니까 EMS라면 괜찮습니다.

유나　짐이 제대로 배달되었는지 확인할 수 있나요?

직원　네, 배달 결과를 팩스 등으로 보내 드리기 때문에 확인하실 수 있습니다.

Plus

どのくらいかかりますか

かかる는 '(시간, 거리가) 걸리다, (돈이) 들다'라는 뜻으로, どのくらいかかりますか는 '(시간, 거리 등이) 어느 정도 걸립니까?'라고 묻는 표현입니다.

~など

우리말의 '~등'에 해당하는 의미로 우리말 '~등등'처럼 ~などなど라고 두 번 연달아 쓰기도 합니다.

유나의 일기

「ユナの日記」

両親にEMSを送った。

アルバイトの初給料で韓国の両親にプレゼントを買った。それでそのプレゼントを送りに郵便局に行った。韓国でも郵便局に行ったことがあまりなかったから、行く前ちょっと心配だった。でも前もって覚えておいた言葉で、十分にコミュニケーションが取れた。2、3日で届くようにしたかったからEMSで送った。配達結果もファックスなどで確認できるから、安心できた。日本の郵便局はさまざまなサービスがあって便利だと思う。荷物が早く韓国に届いて、両親に喜んでもらいたいな〜。

아르바이트 첫 월급으로 한국에 계신 부모님에게 보낼 선물을 샀다. 그래서 그 선물을 보내러 우체국에 갔다. 한국에서도 우체국에 가 본 적이 별로 없었기 때문에 가기 전에 좀 걱정이 되었다. 하지만 미리 외워둔 말로 충분히 커뮤니케이션을 할 수 있었다. 2, 3일 만에 도착하도록 하고 싶어서 EMS로 보냈다. 배달결과도 팩스 등으로 확인할 수도 있어서 안심할 수 있었다. 일본의 우체국은 다양한 서비스가 있어서 편리한 것 같다. 짐이 빨리 한국에 도착해서 부모님께서 기뻐하셨으면 좋겠다.

両親(りょうしん) 부모, 양친 | アルバイト 아르바이트 | 初給料(はつきゅうりょう) 첫 월급 | プレゼント 선물 | それで 그래서 | 郵便局(ゆうびんきょく) 우체국 | 心配(しんぱい)だ 걱정이다 | 前(まえ)もって 미리 | 〜ておく 〜해 두다 | 言葉(ことば) 말, 단어 | 十分(じゅうぶん)に 충분히 | コミュニケーションを取(と)る 커뮤니케이션을 하다 | 安心(あんしん)する 안심하다 | さまざまだ 가지각색이다 | サービス 서비스 | 早(はや)く 빨리 | 喜(よろこ)ぶ 기뻐하다, 좋아하다

Nekokenの ちょこっと 東京サンポ

鎌倉 かまくら 가마쿠라

▲ 가마쿠라의 잡화점

역사의 도시 가마쿠라

도쿄에서 일본 전통의 멋을 느끼지 못해서 아쉬운 사람들에게는 천 년에 가까운 역사를 지닌 가마쿠라를 추천합니다. 가마쿠라 막부시대(1180~1192)의 중심지로 지금은 전통 있는 가문의 부자들이 뿌리를 내리고 사는 고급 주택가이기도 해요. 관광객은 가마쿠라의 중심부와 북쪽, 또는 바다에 가까운 남쪽을 주로 찾지만, 동쪽에도 볼거리가 은근히 많아요.

가마쿠라의 절들

가마쿠라 역에서 버스를 타고 동쪽으로 이동하면, 734년에 세워져서 가마쿠라에서 제일 오래된 절 스기모토데라杉本寺(すぎもとでら)와 아름다운 일본 정원에 서양식 찻집까지 있는 절 조묘지浄妙寺(じょうみょうじ), 멋진 대나무 숲이 있는 호코쿠지報国寺(ほうこくじ) 등 인적이 드물어서 더욱 느긋하게 상쾌한 공기를 마시며 거닐 수 있는 절들이 드문드문 나타납니다.

▲ 스기모토데라

▲ 구 가초노미야 저택

구 가초노미야 저택

한국에서도 리메이크된 드라마 「그 겨울, 바람이 분다(2013)」의 원작인 「愛(あい)なんていらねえよ、夏(なつ)(사랑 따윈 필요 없어, 여름, 2002)」의 무대가 된 구 가초노미야 저택旧華頂宮邸(きゅうかちょうのみやてい)도 이곳에 있습니다.
4,500평의 넓은 대지 위에 고전적인 하프 팀버링(half timbering) 스타일로 지어진 목조 서양식 건축물로, 등록 유형문화재로 지정되었어요.

INTERNET
ダウンロード
さえすれば。
event
描いてある
とおりに行くと。
この近くにあった
ような気がするけど。

PART 15

ネットカフェ가 PC방?

- ～気(き)がする
  ～인 기분이 든다
- ～とおりに
  ～대로
- ～ほど～ない
  ～만큼 ～없다
- ～さえ～ば
  ～만 ～하면

© Zhu difeng / Shutterstock.com

핵·심·문·형

01 この 近(ちか)くに あった ような
이 근처에 있었던 것 같은

気(き)がするけど。
기분이 드는데.

近(ちか)く 근처, 가까운 곳

だんだん 점점

動(うご)き 움직임

鈍(にぶ)い (머리, 움직임 등이) 둔하다, 굼뜨다

～気(き)がする ～인 기분이 든다

「보통체+気がする」는 확실하진 않지만 '그런 느낌, 기분이 든다'라는 의미의 표현입니다. 위 문장에서도 '확실치 않지만 이 근처에 있었던 것 같은 기분이 든다'라는 뜻으로 쓰였어요. '～인 것 같다, ～였던 것 같다'라고 해석해도 됩니다. 주로 '～인 것 같은'이라는 뜻의 ～ような(195쪽 참고) 뒤에 접속해서 ～ような気がする '～인 것 같은 기분이 든다' 형태로도 씁니다.

예 拓也(たくや)って名前(なまえ)はどこかで聞(き)いたことがある**気がする**けど。
다쿠야라는 이름은 어딘가에서 들어본 적 있는 기분이 드는데.

だんだん動(うご)きが鈍(にぶ)くなってきた**ような気がする**。
점점 움직임이 둔해진 듯한 기분이 든다.

～けどは '～ㄴ데'라는 뜻으로 ～が보다 구어적 표현입니다.

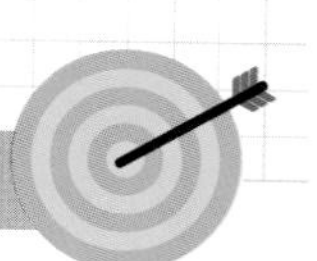

02 ここに 描いてある とおりに 行くと すぐ 見つかると思うよ。

여기에 그려져 있는 대로 가면 금방 찾을 거야.

描く (그림을) 그리다
見つかる 발견되다, 찾다
線 선
紙 종이
切る 자르다
説明書 설명서
組み立てる 조립하다

～とおりに ～대로

「보통체(반말체)+とおりに」는 '～대로'라는 의미인데, 듣거나 보거나 읽거나 배워서 얻은 것을 그대로 문자나 말 또는 동작으로 나타내는 표현입니다.

예 私が言うとおりに、描いてください。 내가 말하는 대로 그려 주세요.
見たとおりに話してください。 본 대로 말해 주세요.

명사 뒤에 올 때는 ～のとおりに가 됩니다.

예 線のとおりに、紙を切ってください。 선대로 종이를 잘라 주세요.
説明書のとおりに組み立ててください。 설명서대로 조립해 주세요.

「명사+のとおりに」는 회화체에서 の가 빠지고 탁음화되어 どおりに가 됩니다.

예 線のとおりに → 線どおりに
説明書のとおりに → 説明書どおりに

조건을 나타내는 ～と는 'A가 성립하면 자연적, 습관적, 필연적(100%)으로 B가 성립하다'라는 의미입니다.

예 ここに描いてあるとおりに行くと、すぐ見つかると思う。
여기에 그려져 있는 대로 가면 금방 찾을 거야. (필연성)

핵·심·문·형

03

韓国(かんこく)ほど インターネットの 普及率(ふきゅうりつ)が 高(たか)い国(くに)は ないですからね。

한국만큼 인터넷 보급률이 높은 나라는 없으니까요.

インターネット 인터넷

普及率(ふきゅうりつ) 보급률

大切(たいせつ)だ 중요하다, 소중하다

試験(しけん) 시험

けっこう 꽤, 제법

あと 앞으로

～ほど～ない ～만큼 ～없다

～ほど～ない는 '～만큼 ～(한 것은) 없다'라는 뜻으로, 다시 말해 '～가 가장 ～하다'라는 의미로 이해하시면 됩니다.

예 家族(かぞく)ほど大切(たいせつ)なものはない。 가족만큼 소중한 것은 없다.

試験(しけん)ほどいやなものはない。 시험처럼 싫은 것은 없다.

ほど는 주로 부정 표현에 쓰이고, くらい는 긍정문에 쓰이는 편이에요.

예 A あなた、けっこうお金(かね)を持(も)ってるらしいけど。 너 돈 꽤 많이 있다던데.

B いや、それほどじゃないよ。 아니, 그 정도는 아냐.

그리고 공식적인 자리이거나 정중하게 말할 때는 ほど를 씁니다.

예 A あと、どのくらい待(ま)つの? 앞으로 얼마나 기다려요?

B 10分(ぷん)ほどです。 10분 정도입니다.

대화에서 A는 손님의 입장에서 くらい를 썼고, B는 종업원이 손님을 대하는 상황이기 때문에 ほど를 썼습니다.

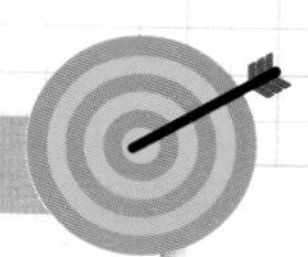

04 韓国語(かんこくご)フォントを ダウンロード さえすれば、文字化(もじば)けしないですよ。

한국어 폰트를 다운로드 하기만 하면 문자가 깨지지 않아요.

フォント 폰트(글씨체)

ダウンロード 다운로드

文字化(もじば)け 문자가 깨짐

一級(いっきゅう) 1급

受(う)かる (시험에) 붙다, 합격하다

就職(しゅうしょく) 취직

～さえ～ば ～만 ～하면

～さえ는 독립적으로 쓰면 '～조차, ～마저'라는 의미로 쓰이지만, 조건형 ば가 뒤에 따를 경우 '～만 ～(하)면'의 의미가 됩니다. 보통 「명사+さえ～ば」, 「동사 ます형+さえ+すれば」의 형태로 씁니다.

예 お金(かね)さえあれば、どこにでも行(い)けます。
돈만 있으면, 어디든 갈 수 있어요.

一級(いっきゅう)さえ受(う)かれば、就職(しゅうしょく)できるのに。
1급만 따면, 취직할 수 있을 텐데.

私(わたし)と一緒(いっしょ)に行きさえすればいいですよ。
저와 함께 가기만 하면 괜찮아요.

文字化け – (컴퓨터에서) 텍스트 데이터를 제작자가 의도한 문자로 읽을 수 없는 현상. 글자의 모양이 바뀐다고 해서 '둔갑하다'라는 化(ば)ける 동사가 붙은 거죠.

문·형·연·습

01 MP3_15_01

この近(ちか)くにあったような気(き)がするけど。

이 근처에 있었던 것 같은 기분이 드는데.

① 以前(いぜん)、彼女(かのじょ)に会(あ)う

② 先生(せんせい)は北海道出身(ほっかいどうしゅっしん)だ

③ 社内運動会(しゃないうんどうかい)は水曜日(すいようび)だ

④ 何(なに)か大事(だいじ)なことを忘(わす)れる

以前(いぜん) 이전 | 出身(しゅっしん) 출신 | 社内(しゃない) 사내 | 運動会(うんどうかい) 운동회 | 水曜日(すいようび) 수요일 | 大事(だいじ)だ 중요하다 | 忘(わす)れる 잊다, 잊어버리다

02 MP3_15_02

ここに描(か)いてあるとおりに行(い)くとすぐ見(み)つかると思(おも)うよ。

여기에 그려져 있는 대로 가면 금방 찾을 거야.

① 医者(いしゃ)に言(い)われた / 歯(は)を磨(みが)いた方(ほう)がいい

② 説明書(せつめいしょ)に書(か)いてある / 薬(くすり)を飲(の)むとすぐ治(なお)る

③ テレビの料理番組(りょうりばんぐみ)で見(み)た / 作(つく)ると失敗(しっぱい)しない

④ 日本語学校(にほんごがっこう)で習(なら)った / 日本語で話(はな)してみるといい

医者(いしゃ) 의사 | 歯(は)を磨(みが)く 이를 닦다 | 治(なお)る (병이) 낫다 | 料理番組(りょうりばんぐみ) 요리 프로그램 | 失敗(しっぱい)する 실패하다

03 MP3_ 15_ 03

韓国(かんこく)ほどインターネットの普及率(ふきゅうりつ)が高(たか)い国(くに)はないですからね。

한국만큼 인터넷 보급률이 높은 나라는 없으니까요.

① 東京(とうきょう) / 物価(ぶっか)が高い都市(とし)

② 好(す)きな仕事(しごと)ができる / 幸(しあわ)せなこと

③ 恋人(こいびと)と海外旅行(かいがいりょこう)すること / 楽(たの)しいこと

④ 母(はは)が作ってくれたキムチ鍋(なべ) / おいしいもの

物価(ぶっか)が高(たか)い 물가가 높다 | 都市(とし) 도시 | できる 생기다, 완성되다, 할 수 있다 | 幸(しあわ)せだ 행복하다 | 恋人(こいびと) 연인, 애인 | 海外旅行(かいがいりょこう) 해외 여행 | 楽(たの)しい 즐겁다 | キムチ鍋(なべ) 김치찌개

04 MP3_ 15_ 04

韓国語(かんこくご)フォントをダウンロードさえすれば文字化(もじば)けしないですよ。

한국어 폰트를 다운로드하기만 하면 문자가 깨지지 않아요.

① この薬 / 飲む / すぐ治る

② あなた / いい / 私(わたし)も一緒(いっしょ)に行きたい

③ 会社(かいしゃ) / 行く / 給料(きゅうりょう)がもらえるわけではない

④ 熱(ねつ) / 下(さ)がる / あとは大丈夫(だいじょうぶ)だ

給料(きゅうりょう) 급료, 급여 | もらう 받다 | 熱(ねつ) 열 | 下(さ)がる 내려가다, 떨어지다

실·전·회·화

MP3_15_05

● 홈스테이 집의 컴퓨터가 고장이 나서 인터넷 카페에 간 유나. 한국보다 비싼 요금에 깜짝 놀라는데….

ユナ　ネットカフェ、どこにあるの？

良(りょう)　この近(ちか)くにあったような気(き)がするけど。

地図(ちず)を描(か)きながら

良　ここに描いてあるとおりに行(い)くとすぐ見(み)つかると思(おも)うよ。

ユナ　ありがとう。見つからなかったら電話(でんわ)するね。

ネットカフェで

ユナ　インターネットを使(つか)いたいんですが、一時間(いちじかん)いくらですか。

店員(てんいん)　350円(えん)になります。

ユナ　え？そんなに高(たか)いんですか。韓国(かんこく)の2倍(ばい)ぐらいしますね。

店員　韓国ほどインターネットの普及率(ふきゅうりつ)が高い国(くに)はないですからね。

ユナ　韓国語(かんこくご)が文字化(もじば)けしちゃったんですが。
どうすればいいですか。

店員　マイクロソフトサイトで韓国語フォントをダウンロードさえすれば文字化けしないですよ。

ユナ　わかりました。ありがとうございます。

地図(ちず) 지도 | ネットカフェ 인터넷 카페 (우리나라의 PC방 같은 곳) | 電話(でんわ)する 전화하다 | ～倍(ばい) ～배 | サイト 사이트

유나　인터넷 카페, 어디에 있어?

료　이 근처에 있었던 것 같은 기분이 드는데.

약도를 그려 주며

료　여기에 그려져 있는 대로 가면 금방 찾을 거야.

유나　고마워. 못 찾으면 전화할게.

인터넷 카페에서

유나　인터넷을 사용하고 싶은데요. 한 시간에 얼마예요?

점원　350엔입니다.

유나　네? 그렇게 비싼가요? 한국의 2배 정도 하네요.

점원　한국만큼 인터넷 보급률이 높은 나라는 없으니까요.

유나　한국어가 깨져 버리는데요. 어떻게 하면 돼요?

점원　마이크로소프트 사이트에서 한국어 폰트를 다운로드하기만 하면 문자가 깨지지 않아요.

유나　알겠습니다. 고마워요.

Plus

히라가나에는 없는 가타카나 표기법

ア, イ, ウ, エ, オ는 주로 외래어를 표기할 때 쓰는데, 히라가나와 달리 작게 써서 발음을 원음과 비슷하게 만들기도 하기 때문에 읽는 법을 잘 익혀 두어야 합니다.

예 ネットカフェ 인터넷 카페　フォント 폰트　ソファー 소파
キャンディー 캔디, 사탕　フォーク 포크　タトゥー 문신

유나의 일기

'ユナの日記'

ネットカフェに行ってきた。

ホストファミリーのパソコンが故障しているので、メールのチェックができなかった。それで普段から日本のPCバンはどんな感じなのか気になっていたので、行ってみることにした。良が描いてくれた地図どおり行ったらすぐ見つかった。日本ではPCバンをネットカフェと言うらしい。良に聞いたとおり韓国のPCバンとはちょっと違うような気がした。料金も一時間350円で韓国の2倍もした。やっぱり韓国はインターネットの普及率が高いからなのか、ネットの利用料金が安いのに…。他に、パソコンだけじゃなくて、漫画も読めるし、シャワーを浴びれる施設もあった。今日のネットカフェ体験は日本での新しい経験だった。

홈스테이 집 컴퓨터가 고장이 나서 메일을 확인할 수가 없었다. 그래서 평소부터 일본의 pc방은 어떨까 궁금했었기 때문에 가 보기로 했다. 료가 그려준 지도대로 갔더니, 금방 찾았다. 여기서는 pc방을 인터넷 카페라고 하는 것 같다. 료에게 들은 대로 한국의 pc방과는 조금 다른 분위기였다. 요금도 한 시간에 350엔으로 한국의 두 배나 했다. 역시 한국은 인터넷 보급률이 높아서인지 인터넷 이용 요금이 저렴한데…. 또, 컴퓨터뿐만 아니라 만화책도 읽을 수 있고, 샤워를 할 수 있는 시설도 있었다. 오늘의 인터넷 카페 체험은 일본에서의 새로운 경험이었다.

ホストファミリー 홈스테이 가정 | パソコン 퍼스널 컴퓨터 | 故障(こしょう) 고장 | メール 메일 | チェック 체크 | それで 그래서 | 普段(ふだん) 평소 | 感(かん)じ 느낌, 분위기 | 気(き)になる 궁금하다 | 違(ちが)う 다르다, 틀리다 | 料金(りょうきん) 요금 | 利用(りよう) 이용 | 他(ほか)に 그 밖에 | 漫画(まんが) 만화 | シャワーを浴(あ)びる 샤워를 하다 | 施設(しせつ) 시설 | 体験(たいけん) 체험 | 経験(けいけん) 경험

Nekoken の ちょこっと 東京サンポ

江の島 えのしま 에노시마

▲ 에노시마

볼거리 가득한 에노시마

에노시마는 쇼난 해안 앞에 떠 있는 작은 섬이지만 내륙에서 섬까지 다리로 연결돼 있어서 걸어서 들어갈 수 있습니다. 섬의 둘레가 고작 4km밖에 되지 않아 걸어 다니며 구경하면 되고, 사람을 무서워하지 않는 고양이들이 곳곳에서 애교를 떨며 반겨 줍니다. 섬 안에 신사, 서양식 정원, 전망대, 상점가, 요트장, 온천, 레스토랑 등 없는 것이 없어서 테마파크처럼 하루 온종일 놀 수 있어요.

에노시마 산책

에노시마는 에노시마 신사江島神社(えのしまじんじゃ)를 중심으로 산을 올라가면서 구경하게 되는데, 계단을 오르는 것이 힘들다면 유료 에스컬레이터를 타고 편하게 올라가세요. 정상에 올라가면 서양식 정원「사무엘 코킹원サムエル・コッキング苑(えん)」이 나오고, 내부에는 등대 겸 전망대「에노시마 시 캔들江の島(えのしま)シーキャンドル」과 일본 최초의 프렌치토스트 전문점「론 카페ロンカフェ」가 있습니다.

▲ 에노시마에서 만난 고양이

▲ 지고가후치에서 바라본 후지 산

에노시마와 후지 산

에노시마는 하늘이 맑은 날에 바다를 사이에 두고 후지 산의 멋진 모습을 볼 수 있어서 사진 촬영이 취미인 사람들에게도 유명합니다.
에노시마의 서쪽에는 해안 절벽과 해식동굴로 이루어진 지고가후치稚児が淵(ちごがふち)가 있는데, 박력 넘치게 부서지는 파도를 배경으로 석양과 함께 펼쳐지는 후지 산의 실루엣은 달력에 실려 있는 사진처럼 아름다워요.

金魚
出店もたくさん出ている
はずだから行ってみよう。
食べ終わったら
金魚すくいに行こうよ。
思い出になるような
ことがだくさんできそう。

PART 16

간다 마쓰리 100% 즐기기

- **~はずだ**
  ~일 것이다
- **~からには**
  ~한 이상
- **~終(お)わる**
  다 ~하다
- **~ような**
  ~인 것 같은

© Supachita Krerkkaiwan / Shutterstock.com

핵·심·문·형

01

出店(でみせ)も たくさん
노점도 많이

出(で)ているはずだから 行(い)ってみよう。
나와 있을 테니까 가 보자.

出店(でみせ) 노점

見(み)かける 눈에 띄다, (언뜻) 보다

そこらへん 그 근방

有名(ゆうめい)だ 유명하다

～はずだ ～일 것이다

～はずだ는 어떤 근거를 토대로 자신이 내린 판단을 확신해서 말할 경우에 씁니다. 해석은 '～일 것이다, ～일 터이다'로 하면 돼요. 위 문장에서는 마쓰리에 노점이 많이 나와 있을 것이라는 확신을 ～はずだ로 나타낸 것이죠.

예 A 山田(やまだ)さんは来(く)るでしょうか。
야마다 씨는 올까요?

B 来るはずですよ。来るって電話(でんわ)がありましたから。
올 거예요. 온다고 전화가 있었으니까요.
(전화가 판단의 근거이며, 그것을 토대로 '야마다 씨는 온다'고 확신하고 はずだ로 나타냄)

A 私(わたし)のMP3(エムピー3)見(み)かけませんでしたんか。
내 MP3 못 보셨어요?

B 机(つくえ)の上(うえ)においといたから、そこらへんにあるはずですよ。
책상 위에 놔 두었으니까 그 근방에 있을 거예요.
(자신이 책상 위에 MP3를 놔 둔 것을 근거로 확신을 가지고 はずだ로 말함)

! ～はずだ는 각 품사의 보통체 뒤에 접속하는데, 현재 긍정일 때 「명사＋の＋はずだ」, 「な형용사 어간＋な＋はずだ」가 됩니다.

예 彼(かれ)は日本人(にほんじん)のはずです。
그는 일본인일 것입니다.

あの店(みせ)は有名(ゆうめい)なはずです。
저 가게는 유명할 것입니다.

02 祭(まつ)りに 来(き)たからには 出店で 食(た)べて みないと。

마쓰리에 / 온 이상 / 노점에서 / 먹어 / 봐야지.

~からには ~한 이상

「동사 보통체+からには」는 '~한 이상에는, ~이니까 당연히'라는 의미로, ~からには 뒤에는 주로 자신의 의지나 희망, 의무를 나타내는 표현이 옵니다. 위 문장에서도 일본 마쓰리에 온 이상 노점에서 먹어 봐야 한다는 의무에 가까운 느낌으로 표현했어요.

예 一度(いちど)やると決(き)めたからには途中(とちゅう)で止(や)めるわけにはいかない。
한번 한다고 결정한 이상 도중에 그만둘 수는 없다.

日本に留学(りゅうがく)したからには、日本人の友達(ともだち)もたくさん作(つく)るつもりです。
일본에 유학 온 이상, 일본인 친구들도 많이 사귈 생각입니다.

仕事(しごと)を引(ひ)き受(う)けたからにはしっかりやりなさい。
일을 맡은 이상 확실히 해라.

祭(まつ)り 마쓰리(일본의 축제)
一度(いちど) 한번, 한 번
やる 하다
決(き)める 결정하다
途中(とちゅう) 도중
止(や)める 그만두다
留学(りゅうがく)する 유학하다
つもり 생각, 작정
引(ひ)き受(う)ける 책임지고 떠맡다, 담당하다
しっかり 확실히

~ないと는 PART 05에서 배운 것처럼 '~하지 않으면 안 된다'의 ~ないといけない, ~ないとだめだ의 축약형으로 '~해야 돼'라는 뜻입니다. '결국은 꼭 그렇게 해야 한다'는 뉘앙스의 표현입니다.

핵·심·문·형

03

た　お　　　　　　　きん ぎょ
食べ終わったら 金魚すくいに
다 먹으면 금붕어 잡기 하러

い
行こうよ。
가자.

きんぎょ
金魚すくい
금붕어 잡기

～終わる 다 ～하다

食べ終わる는 食べる(먹다)에 終わる(끝나다)가 합쳐진 복합 동사로, 「동사 ます형+終わる」는 '다 ~하다'라는 완료의 의미가 됩니다. 食べ終わる에 たら가 붙어 '다 먹으면'이라는 조건문이 됐죠? たら 조건문 뒤에는 주로 화자의 의지나 희망, 의뢰를 나타내는 표현이 오는 경우가 많은데, 이 문장에서는 行こう라는 의향형을 써서 의지를 나타냈어요.

예 読み終わる 다 읽다
書き終わる 다 쓰다

동사 ます형에 はじめる(시작하다)가 붙으면 '~하기 시작하다'라는 복합 동사가 됩니다.

예 読みはじめる 읽기 시작하다
書きはじめる 쓰기 시작하다
食べはじめる 먹기 시작하다

金魚すくい – 금붕어 잡기. 일본 마쓰리에서 하는 대표적인 놀이 중 하나로, 종이 뜰채로 종이가 물에 젖어 찢어질 때까지 금붕어를 건져 올리는 놀이입니다.

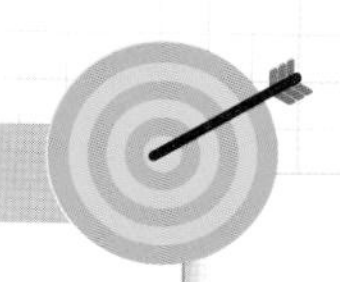

04 思(おも)い出(で)になるような ことが たくさん できそう。

추억이 될 만할 / 일이 / 많이 / 생길 것 같아.

思(おも)い出(で) 추억

殺(ころ)す 죽이다, 살해하다

ピザ 피자

とんカツ 돈가스

あんまり 별로 (あまり의 강조어로 주로 회화체에서 사용함)

~ような ~인 것 같은

PART 03에서 배운 ようだ '~인 것 같다'가 명사 수식을 할 때는 ~ような의 형태로 바뀌어 '~과 같은, ~할 만할'의 의미로 쓰입니다. 이 문장에서는 思い出になる '추억이 되다'라는 형용사절이 뒤에 오는 형식 명사 こと(일)를 수식해서 思い出になるようなこと '추억이 될 만할 일'이 된 거예요.

예 彼(かれ)は人(ひと)を殺(ころ)すような人じゃありません。
그는 사람을 죽일 만할 사람이 아닙니다.

! 명사 뒤에 접속할 때는 「~のような+명사」가 됩니다.

예 私(わたし)はピザとかとんカツのような食(た)べ物(もの)はあんまり好(す)きじゃないんです。 나는 피자나 돈가스 같은 음식은 별로 좋아하지 않아요.

「동사 ます형+そう」는 '~일 것 같다'라는 추측의 표현으로 ~できそう는 '추억이 될 만할 일들이 생길 것 같다'라는 화자의 주관적인 예감을 나타낸 거예요. (60쪽 참고)

문·형·연·습

01 MP3_16_01

出店(でみせ)もたくさん出(で)ているはずだから行(い)ってみよう。
노점도 많이 나와 있을 테니까 가 보자.

① 休(やす)み / あとで行く

② 英語(えいご)が上手(じょうず)だ / 彼(かれ)に聞(き)く

③ 面接(めんせつ)の結果(けっか)が出ている / 確認(かくにん)する

④ 山田(やまだ)さんは来(こ)ない / 今度(こんど)、連絡(れんらく)する

あとで 나중에 | 面接(めんせつ) 면접 | 結果(けっか) 결과 | 確認(かくにん)する 확인하다 | 今度(こんど) 이번, 다음 | 連絡(れんらく)する 연락하다

02 MP3_16_02

祭(まつ)りに来(き)たからには出店で食(た)べてみないと。
마쓰리에 온 이상 노점에서 먹어 봐야지.

① 試合(しあい)に出る / 勝(か)つ

② 日本(にほん)に行く / すしを食べる

③ こうなった / 最後(さいご)までやり遂(と)げる

④ 寮(りょう)に入(はい)った / ちゃんと規則(きそく)を守(まも)る

試合(しあい)に出(で)る 시합에 나가다 | 勝(か)つ 이기다 | すし 생선 초밥 | こう 이렇게 | 最後(さいご) 마지막, 최후 | やり遂(と)げる 끝까지 해내다, 완수하다 | 寮(りょう) 기숙사 | ちゃんと 제대로, 잘 | 規則(きそく) 규칙 | 守(まも)る 지키다

03 MP3_16_03

食べ終(お)わったら金魚(きんぎょ)すくいに行こうよ。

다 먹으면 금붕어 잡기 하러 가자.

① 読(よ)む / 新(あたら)しい小説(しょうせつ)を買(か)う

② 洗濯(せんたく)する / 洗濯物(もの)を干(ほ)す

③ レポートを書(か)く / 提出(ていしゅつ)する

④ レンタルビデオを見(み)る / 返却(へんきゃく)する

小説(しょうせつ) 소설 | 洗濯(せんたく) 세탁, 빨래 | 洗濯物(せんたくもの) 세탁물 | 干(ほ)す 말리다 | レポート 리포트, 보고서 | 提出(ていしゅつ)する 제출하다 | レンタルビデオ 렌털 비디오 | 返却(へんきゃく)する 되돌려 주다, 반환하다

04 MP3_16_04

思(おも)い出(で)になるようなことがたくさんできそう。

추억이 될 만한 일이 많이 생길 것 같아.

① 夢(ゆめ) / ことが起(お)きる

② 予想(よそう)していた / 結果が出る

③ 体(からだ)がふるえる / 経験(けいけん)ができる

④ 期待(きたい)していた / 点数(てんすう)がとれる

夢(ゆめ) 꿈 | 起(お)きる 일어나다 | 予想(よそう)する 예상하다 | ふるえる 떨리다, 흔들리다 | 経験(けいけん) 경험 | できる 생기다, 완성되다, 할 수 있다 | 期待(きたい)する 기대하다 | 点数(てんすう)をとる 점수를 따다

실·전·회·화

MP3_ 16_05

- 일본 3대 마쓰리 중 하나인 간다 마쓰리에 간 유나. 거대한 가마 행렬과 갖은 볼거리, 먹을거리에 신나서 어쩔 줄 모르는데….

ユナ　ねえ。あの男(おとこ)の人(ひと)たちが担(かつ)いで行(い)くのは何(なに)？ すごい。

良(りょう)　あれはおみこしといってこの祭(まつ)りの一番(いちばん)の見所(みどころ)なんだよ。

ユナ　良(りょう)も担いだことある？

良　うん。小(ちい)さい時(とき)、はっぴ着(き)てね。

あそこに出店(でみせ)もたくさん出(で)ているはずだから行ってみよう。

出店に来(き)て

ユナ　出店がずらっと並(なら)んでるね。あ、この焼きそば、おいしい！

良　うまいだろ？祭りに来(き)たからには出店で食(た)べてみないと。

これ食べ終(お)わったら金魚(きんぎょ)すくいに行こうよ。

ユナ　うん。今日(きょう)はなんか思(おも)い出(で)になるようなことがたくさんできそう。

良　うん。今日二人(ふたり)の心(こころ)に残(のこ)る思い出をたくさん作(つく)ろうな。

担(かつ)ぐ 메다, 지다, 짊어지다 | すごい 대단하다, 굉장하다 | おみこし 오미코시(신령 등을 태우는 가마) | 見所(みどころ) 볼거리 | 小(ちい)さい 어리다, 작다 | 時(とき) 때 | はっぴ 핫피(마쓰리 때 남자들이 주로 입는 웃옷) | ずらっと 쭉, 줄줄이 잇달아 늘어선 모양 | 並(なら)ぶ 늘어서다, 줄을 서다 | 焼(や)きそば 야키소바(일본식 볶음면) | うまい 맛있다 | なんか 왠지 | 二人(ふたり) 두 명, 둘 | 心(こころ) 마음 | 残(のこ)る 남다

유나	저기, 저 남자들이 메고 가는 게 뭐야? 굉장하다.
료	저것은 오미코시라고 해서 이 마쓰리의 가장 볼거리야.
유나	료도 메어 본 적 있어?
료	응. 어렸을 때 핫피 입고. 저기에 노점도 많이 나와 있을 테니까 가 보자.

노점에 와서

유나	노점이 쭉 늘어서 있네. 아, 이 야키소바, 맛있다!
료	맛있지? 마쓰리에 온 이상 노점에서 먹어 봐야지. 이거 다 먹으면 금붕어 잡기 하러 가자.
유나	응. 오늘은 왠지 추억이 될 만한 일이 많이 생길 것 같아.
료	응. 오늘은 두 사람의 마음에 남을 추억을 많이 만들자.

Plus

うまいだろ

うまいは おいしい(맛있다)의 남성어. ～だろ(う)는 ～でしょ(～이지?)의 남성어입니다.
여성의 경우는 おいしいでしょ라고 합니다.

思(おも)い出(で)をたくさん作(つく)ろうな

종조사 な는 감탄, 명령, 단정, 동의 등 여러 가지 용법으로 쓰입니다.

예 よく食べるな～。잘도 먹는구나. (감탄) = 동의어 なあ～

早(はや)く歩(ある)きな。빨리 걸어라. (명령)

今日ゆっくり楽(たの)しもうな。오늘 천천히 즐기자. (가벼운 단정) – 남성어

トマトのほうがもっとおいしいよな？ 토마토가 더 맛있지? (동의를 구함) – 남성어

유나의 일기

'ユナの日記'

神田祭(かんだまつ)りの思(おも)い出(で)。

今日(きょう)は良(りょう)と一緒(いっしょ)に神田祭りに行(い)った。大勢(おおぜい)の男(おとこ)の人(ひと)がおみこしというのを担(かつ)いで行(い)くのが、一番印象的(いちばんいんしょうてき)だった。良におみこしを担いだことあるかって聞(き)いてみたら、小(ちい)さい時(とき)、はっぴを着(き)て担いだことがあると言(い)った。それで急(きゅう)に良のはっぴ姿(すがた)が見(み)たくなったけど、見られなくて残念(ざんねん)だった。良が、お祭りに来たからには出店(でみせ)で食(た)べてみなきゃと言ったので、出店で焼(や)きそばを食べた。本当(ほんとう)においしかった。それから金魚(きんぎょ)すくいをしてみたけど、意外(いがい)とよく取(と)れて賞品(しょうひん)をたくさんもらった。今日はお祭りで思い出に残(のこ)るようなことをたくさんして、本当に楽(たの)しかった。

오늘은 료와 함께 간다 마쓰리에 갔다. 남자 여럿이 오미코시라고 하는 것을 메고 가는 것이 가장 인상적이었다. 료에게 오미코시를 멘 적이 있는지 물어보니, 어렸을 때 핫피를 입고 멘 적이 있다고 했다. 그래서 갑자기 료의 핫피 입은 모습이 보고 싶어졌지만 볼 수 없어서 아쉬웠다. 료가 마쓰리에 온 이상 노점에서 먹어 봐야 한다고 해서 노점에서 야키소바를 먹었다. 정말 맛있었다. 그리고 나서 금붕어 잡기를 해 봤는데, 예상외로 잘 잡혀서 상품을 많이 받았다. 오늘은 마쓰리에서 추억에 남을 만한 일들을 많이 해서 정말 즐거웠다.

大勢(おおぜい) 여럿, 여러 사람 | 印象的(いんしょうてき) 인상적 | それで 그래서 | 急(きゅう)に 갑자기 | 姿(すがた) 모습 | 残念(ざんねん)だ 유감이다, 아쉽다 | 本当(ほんとう)に 정말로 | それから 그리고, 그래서 | 意外(いがい)と 예상외로 | よく 자주, 잘 | 取(と)れる (물고기 등이) 잡히다 | 賞品(しょうひん) 상품 | 残(のこ)る 남다

八景島 はっけいじま 핫케이지마

▲ 시 파라다이스의 풍경

인공섬 핫케이지마

핫케이지마는 도쿄 바로 아래에 있는 항구 도시, 요코하마横浜(よこはま)의 바다 위에 떠 있는 인공 섬입니다. 거대한 수족관과 놀이동산이 합쳐져 있는 「시 파라다이스SEA PARADISE」와 공원, 야영장, 요트장, 아웃렛 등 다양한 오락 편의 시설이, 바다 위를 달리는 모노레일 '시 사이드 라인'으로 연결되어 있어요.

시 파라다이스

24헥타르 크기의 섬 전체가 공원으로 조성되어 있는 시 파라다이스는 줄여서 SEA PARA라고 부르며, 요코하마를 대표하는 유원지입니다. SEA PARA의 대표적인 시설인 아쿠아 리조트Aqua Resorts는 대형 수조와 수중 터널, 아쿠아 뮤지엄, 바다 동물들을 직접 만져 볼 수 있는 러군, 바다 농장 등으로 다양하게 구성되어 있어요. 스릴 넘치는 어트랙션에서부터 어린아이들을 위한 놀이기구까지 15개가 넘는 탈 거리가 있는 플레저 랜드Pleasure Land도 인기예요.

▲ 시 파라다이스의 어트랙션

▲ 노지마 공원

노지마 공원

바다와 핫케이지마가 한눈에 들어오는 노지마 공원野島公園(のじまこうえん)에는 일본식 정원과 전통 가옥이 있습니다. 이곳은 이토 히로부미伊藤博文(いとうひろぶみ)의 가나자와 별장이었던 곳으로, 조선통감부의 통감이었던 이토 히로부미가 일본의 근대화에 기여한 역사적 영웅으로 소개되어 있어요.

だって日本で一番
大きい花火大会だもん。
見てるだけでいいよ。
借りて着て来れば
よかったのに。

PART 17

불꽃놀이에 간 유나

- **せっかく～(だ)から**
  모처럼 ～이니까
- **～ばよかったのに**
  ～하면 좋았을 텐데
- **～だけで**
  ～만으로
- **だって～もん**
  근데 ～인걸

© Hsiun/ Shutterstock.com

01

せっかく　東京(とうきょう)に　いるから
모처럼　도쿄에　있으니까

行(い)かないと　損(そん)だよ。
안 가면　손해야.

せっかく～(だ)から 모처럼 ~이니까

せっかく는 '일부러, 모처럼'의 의미인데, 주로 せっかく～(だ)から '모처럼 ~이니까'의 형태로 쓰입니다. 화자에게 있어서 가치 있는 일이나 좋아하는 일을 말할 때 쓰는 표현입니다. 또는 붙여서 せっかくだから '모처럼이니까'로도 씁니다.

예 せっかく来(き)てくれたからお昼(ひる)をごちそうします。
모처럼 와 주셨으니까 점심을 대접할게요.

せっかく作(つく)ったんだからたくさん食(た)べてください。
모처럼 만들었으니까 많이 드세요.

せっかくだから今日(きょう)一杯(いっぱい)飲(の)もうよ。
모처럼이니까 오늘 한잔하자.

! せっかく～(な)のに 형태로 화자의 기대를 저버리는 일이나 좋아하는 일이 잘 안 됐을 때도 쓰입니다.(86쪽 참고)

예 せっかく彼女(かのじょ)が電話(でんわ)をくれたのに忙(いそが)しくて会(あ)えなかった。
모처럼 그녀가 전화를 주었는데, 바빠서 만나지 못했다.

せっかくの外食(がいしょく)なのにレストランは休業日(きゅうぎょうび)だった。
모처럼의 외식인데, 레스토랑은 휴업일이었다.

損(そん) 손해
お昼(ひる) 점심, 점심밥
ごちそうする 대접하다, 한턱내다
一杯(いっぱい) 한 잔, 가볍게 술을 마심, 한잔함
外食(がいしょく) 외식
レストラン 레스토랑
休業日(きゅうぎょうび) 휴업일

02 誰(だれ)かに 借(か)りて着(き)て来(く)れば よかったのに…。

누군가에게 빌려 입고 왔으면 좋았을 텐데….

誰(だれ) 누구
借(か)りる 빌리다
着(き)る 입다

～ばよかったのに ～하면 좋았을 텐데

「조건의 ば형+よかったのに」는 '~하면 좋았을 텐데, ~할 걸 그랬어'라는 의미로, 지나간 일에 대한 후회나 유감을 나타내는 표현입니다. 자기 자신의 행동뿐만 아니라 상대방의 행동에도 쓸 수 있어요. 이 문장에서는 「借りて着る(빌려 입다)+来れば(오면)」에 よかったのに가 붙어서 '빌려 입고 왔으면 좋았을 텐데'라는 아쉬움을 나타낸 거예요.

예 もっと勉強(べんきょう)すればよかったのに。

좀 더 공부했으면 좋았을 텐데. (현실은 하지 않았기 때문에 후회를 나타냄)

彼(かれ)が電話してくれればよかったのに。

그가 전화해 주었으면 좋았을 텐데. (제3자인 그가 전화를 해 주지 않아서 유감을 나타냄)

「의문사+か」는 불확실한 대상이나 때, 장소를 나타냅니다.

예 誰か 누군가　　いつか 언젠가　　何(なに)か 무언가

03 見(み)てるだけで いいよ。

보는 것만으로 좋아.

～だけで ～만으로

～だけ는 '～만, ～뿐'이라는 한정을 나타내는데, 여기에 조사 で가 붙은 ～だけで는 '～만으로'라는 의미로 씁니다. 위 문장처럼 ～だけで 뒤에 いい가 오는 경우는 '～만으로 좋다, ～만으로 되다'라는 뜻이 되며 いい 외에도 다양한 표현들이 올 수 있습니다.

예 愛(あい)してるならそれだけでいい。

사랑한다면 그걸로 돼.

付(つ)き合(あ)わなくても見ているだけで幸(しあわ)せなのに…。

사귀지 않아도 보고 있는 것만으로 행복한데….

飲(の)むだけでやせるダイエットの薬(くすり)です。

먹는 것만으로 살이 빠지는 다이어트 약이에요.

愛(あい)する 사랑하다

付(つ)き合(あ)う 사귀다, 교제하다

幸(しあわ)せだ 행복하다

やせる 마르다, 살이 빠지다

ダイエット 다이어트

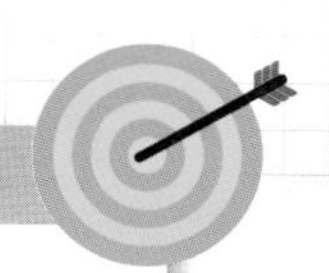

04 だって 日本(にほん)で 一番(いちばん) 大(おお)きい 花火大会(はなびたいかい)だもん。

왜냐면 일본에서 가장 큰 불꽃놀이인걸.

花火大会(はなびたいかい) 불꽃놀이
甘(あま)いもの 단것
食(た)べすぎる 과식하다
シャツ 셔츠
~た方(ほう)がいい ~하는 편이 좋다

だって~もん 근데 ~인걸

だって는 상대의 말을 그대로 받아들이지 않고 반론, 변명하는 경우에 쓰는 표현으로 '그렇지만, 그런데, 왜냐면'의 뜻입니다. もん은 もの가 변한 말로, だって~もん은 '근데 ~인걸, 근데 ~인걸 뭐'의 의미입니다. だって~もん과 だって~もの 모두 주로 아이나 여성들이 응석을 부리듯이 말할 때에 주로 쓰는 표현입니다.

예 A あなた、甘(あま)いもの食(た)べすぎよ。
너 단것 너무 많이 먹어.

B だって、おいしいんだもん。
그렇지만 맛있는걸.

A このシャツ、かわいくて安(やす)いから買(か)った方(ほう)がいいんじゃない?
이 셔츠 귀엽고 싸니까 사는 편이 낫지 않아?

B だってお金(かね)がないもん。
그렇지만 돈이 없는걸.

花火大会 – 불꽃놀이 축제. 일본에서는 해마다 7월 말에서 8월 말까지 한 달간에 걸쳐 전국 각지에서 수많은 불꽃놀이가 열립니다.

문·형·연·습

01 MP3_ 17_01

せっかく東京(とうきょう)にいるから行(い)かないと損(そん)だよ。

모처럼 도쿄에 있으니까 안 가면 손해야.

① デート / 映画(えいが)を見(み)に行く

② 休(やす)みを取(と)った / 遠出(とおで)をする

③ 日本(にほん)の料理(りょうり)を作(つく)った / 食(た)べてみる

④ アメリカに行く / ニューヨークに行ってみる

デート 데이트 | 映画(えいが) 영화 | ～に行(い)く ～하러 가다 | 休(やす)みを取(と)る 휴가를 얻다 | 遠出(とおで) 멀리 나감, 여행함 | ニューヨーク 뉴욕(지명, 미국 대서양 연안 중부의 대도시)

02 MP3_ 17_02

誰(だれ)かに借(か)りて着(き)て来(く)ればよかったのに。

누군가에게 빌려 입고 왔으면 좋았을 텐데.

① 現金(げんきん)で買(か)う

② 傘(かさ)を持(も)って来る

③ 前(まえ)もって言(い)ってくれる

④ 彼(かれ)にもっと親切(しんせつ)にしてあげる

現金(げんきん) 현금 | 前(まえ)もって 미리 | 親切(しんせつ)だ 친절하다

03 MP3_17_03

見てるだけでいいよ。
보는 것만으로 좋아.

① 想像している / 楽しくなる
② 側にいてくれる / 幸せになる
③ 味噌汁と納豆 / 十分だ
④ 本を読んでいる / 勉強になる

想像(そうぞう)する 상상하다 | 側(そば) 옆, 곁 | 味噌汁(みそしる) 일본식 된장국 | 納豆(なっとう) 낫토(콩을 발효시켜 만든 일본 음식) | 十分(じゅうぶん)だ 충분하다

04 MP3_17_04

だって、日本で一番大きい花火大会だもん。
왜냐면 일본에서 가장 큰 불꽃놀이인걸.

① 外は寒すぎる
② 今、道がすごく混んでいる
③ このドラマおもしろい
④ 今日は家でごろごろしていたい

外(そと) 바깥 | 道(みち)が混(こ)む 길이 막히다 | ドラマ 드라마 | ごろごろ 빈둥빈둥, 아무것도 하지 않는 모양

실·전·회·화

MP3_17_05

● 미카와 스미다가와 불꽃놀이에 간 유나. 하늘에서 펼쳐지는 형형색색의 불꽃에 그저 감탄만 나오는데….

美香(みか)　ねえ。よかったら今度(こんど)一緒(いっしょ)に隅田川(すみだがわ)の花火大会(はなびたいかい)に行(い)かない？
せっかく東京(とうきょう)にいるから行かないと損(そん)だよ。

ユナ　うん、行きたい。早(はや)めに行って場所取(ばしょと)ろう。

花火大会で

ユナ　浴衣(ゆかた)を着(き)ている人(ひと)も多(おお)いね。
美香の浴衣もすごく似合(にあ)っているよ。

美香　ありがとう。
ユナも誰(だれ)かに借(か)りて着て来(く)ればよかったのに…。

ユナ　私(わたし)は見(み)てるだけでいいよ。
でも機会(きかい)があれば一度(いちど)着てみたいな。

美香　ねね、知(し)ってる？
この花火大会では何万発(なんまんぱつ)も打(う)ち上(あ)げるんだよ。

ユナ　え？ すごい。そんなに打ち上げるの？

美香　だって日本(にほん)で一番大(いちばんおお)きい花火大会だもん。

ユナ　そうなの？ 連(つ)れてきてくれてありがとう。

隅田川(すみだがわ) 스미다가와(도쿄 도를 관통해 흐르는 강) | 早(はや)めに 조금 일찍 | 場所(ばしょ)を取(と)る 자리를 잡다 | 浴衣(ゆかた) 유카타(여름철에 입는 무명 홑옷) | 似合(にあ)う 어울리다, 잘 맞다 | 機会(きかい) 기회 | 一度(いちど) 한번, 한 번 | 何万(なんまん) 수만 | ～発(ぱつ) ～발 | 打(う)ち上(あ)げる 쏘아 올리다 | 連(つ)れる 데려가다, 데려오다, 동행하다

미카	저기, 괜찮으면 이번에 같이 스미다가와 불꽃놀이 안 갈래? 모처럼 도쿄에 있으니까 안 가면 손해야.
유나	응, 가고 싶어. 조금 일찍 가서 자리 잡자.

불꽃놀이 축제에서

유나	유카타를 입고 있는 사람도 많네. 미카가 입은 유카타도 너무 잘 어울려.
미카	고마워. 유나도 누군가에게 빌려 입고 왔으면 좋았을 텐데….
유나	나는 보는 것만으로 좋아. 근데 기회가 되면 한번 입어 보고 싶다.
미카	있잖아, 알고 있어? 이 불꽃놀이에서는 수만 발이나 쏘아 올려.
유나	에? 굉장하다. 그렇게나 쏘아 올려?
미카	왜냐면 일본에서 가장 큰 불꽃놀이인걸.
유나	그래? 데려와 줘서 고마워.

よかったら

よい(좋다)에 たら 조건형이 붙은 것으로, 상대방의 의사를 물을 때 '괜찮다면 ~할래(요)?'의 형태로 많이 쓰는 표현입니다.

連(つ)れてくる

~てくる는 PART 13에서 배운 ~ていく와 반대되는 의미로 '~하고 오다'라는 의미입니다.

連れる+くる → 連れてくる 데리고 오다

유나의 일기

‘ユナの日記’

隅田川の花火大会。

最近なんか夏っぽいことがしたくて美香と隅田川の花火大会に行った。日本では夏になると、大きな花火大会がいろんな所で開かれるらしい。せっかく東京にいるから、一番大きい隅田川の花火大会に行くことにした。みんな浴衣を着てきてかわいかった。美香に「ユナも借りて着て来ればよかったのに」と言われたけど、他の人の浴衣姿を見ているだけで着ている気持ちになった。花火を打ち上げると空でいろんな形になって、とてもきれいだった。今日の大会で何万発も打ち上げたそうだ。やっぱり日本で一番大きい花火大会だったので、ため息が出るほどきれいだった。来年もまた行きたいな～。

요즘 왠지 여름다운 일이 하고 싶어서 미카와 함께 스미다가와 불꽃놀이에 갔다. 일본에서는 여름이 되면 큰 불꽃놀이가 여러 곳에서 열린다고 한다. 모처럼 도쿄에 있으니까 규모가 가장 큰 스미다가와 불꽃놀이에 가기로 했다. 모두 유카타를 입고 와서 귀여웠다. 미카가 ‘유나도 빌려 입고 왔으면 좋았을 텐데’라고 했지만, 다른 사람의 유카타 입은 모습을 보는 것만으로 입고 있는 기분이 들었다. 불꽃을 쏘아 올리면, 공중에서 다양한 모양이 돼서 정말 예뻤다. 오늘 불꽃놀이 축제에서 불꽃을 수만 발이나 쏘아 올렸다고 한다. 역시 일본에서 가장 큰 불꽃놀이여서 탄성이 나올 정도로 예뻤다. 내년에도 또 가고 싶다.

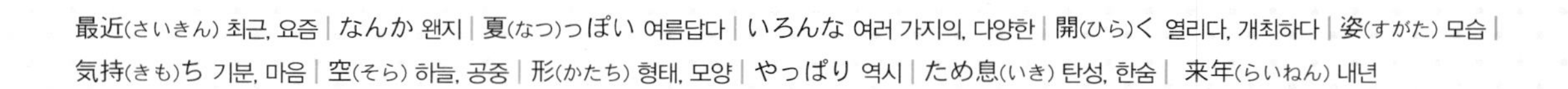

最近(さいきん) 최근, 요즘 | なんか 왠지 | 夏(なつ)っぽい 여름답다 | いろんな 여러 가지의, 다양한 | 開(ひら)く 열리다, 개최하다 | 姿(すがた) 모습 | 気持(きも)ち 기분, 마음 | 空(そら) 하늘, 공중 | 形(かたち) 형태, 모양 | やっぱり 역시 | ため息(いき) 탄성, 한숨 | 来年(らいねん) 내년

富士山ふじさん 후지 산

▲ 가와구치 호와 후지 산

일본의 상징, 후지 산

후지 산은 일본의 상징이자, 일본에서 제일 높은 산으로, 해발 3,776m 입니다. 약 만 년 전에 화산 활동으로 생긴 활화산으로 2013년에 유네스코 세계 문화유산으로 선정되었어요. 여름철을 제외하면 일반인이 후지 산을 등산하기는 어렵지만, 후지 산 주변의 관광지와 함께 후지 산의 모습을 구경하는 것은 사계절 내내 가능합니다.

후지 산의 5개의 호수

후지 산 북쪽에 있는 5개의 호수인 후지 5호富士五湖(ふじごこ)는 해발 800~900m의 고원 지대에 위치해서 여름에도 시원해요. 가와구치 호河口湖(かわぐちこ), 모토스 호本栖湖(もとすこ), 사이 호西湖(さいこ), 쇼지 호精進湖(しょうじこ), 야마나카 호山中湖(やまなかこ) 이렇게 5개의 호수 모두 후지 산과 함께 유네스코 세계 문화유산으로 선정되었어요. 맑은 호수에 거꾸로 비친 후지 산의 모습은 감탄사가 절로 나올 정도로 멋있어요.

▲ 오시노핫카이

▲ 오시노핫카이의 샘물

오시노핫카이

후지 산의 눈이 녹아서 생긴 맑은 샘물이 솟아오르는 마을 오시노핫카이 忍野八海(おしのはっかい)에서도 후지 산이 잘 보입니다. 한여름에도 얼음처럼 차가운 샘물은 깊은 바닥까지 선명하게 보일 정도로 투명하고, 커다란 송어와 비단 잉어가 헤엄치는 물속은 맑은 청록색으로 빛나서 신비로워요. 샘물 주변에는 일본 전통 마을의 모습이 그대로 보존되어 있어서 시대를 거슬러 멋진 풍경을 선사합니다.

こんなに大きい
ところだなんて。
無理に決まってる
じゃん。
半日で見きれ
ないよね。

PART 18

료와 오다이바 데이트?!

- **~なんて**
  ~따위, ~이라니
- **~きれない**
  다 ~할 수 없다
- **~に決(き)まっている**
  ~하는 게 당연하다
- **~てよかった**
  ~하길 잘했다

© TungCheung / Shutterstock.com

핵·심·문·형

01

お台場(だいば)って こんなに 大(おお)きい
오다이바가 이렇게 큰

ところだなんて。
곳이라니.

- お台場っては는 お台場とは의 축약 형태로 お台場が라고 해도 부자연스럽지는 않지만, お台場って 쪽이 더 강조하는 느낌입니다.

~なんて ~따위, ~이라니

명사 뒤에서는 '~따위, ~같은 것'이라는 약간의 경멸과 멸시를 나타내고, 동사나 문장 끝에 접속할 경우에는 '~이라니, ~하다니'라는 놀람이나 감탄을 나타내는 의미로 쓰입니다. '~따위'라는 의미의 비슷한 표현으로 ~なんか가 있어요.

예 彼(かれ)が社長(しゃちょう)の息子(むすこ)だなんて。 그가 사장님의 아들이라니.

もう恋(こい)なんてしない。 = もう恋なんかしない。 이제 사랑 따윈 안 해.

一人(ひとり)で行(い)くなんてひどいよ。 혼자 가다니 너무해.

社長(しゃちょう) 사장
息子(むすこ) 아들
恋(こい) (남녀 간의) 사랑
一人(ひとり)で 혼자서
ひどい (정도가) 심하다

恋(こい)와 愛(あい)의 차이
恋는 일반적으로 남녀 간의 사랑을 뜻하며, 愛는 좀 더 폭넓게 남녀 간, 부모 자식 간, 형제간, 친구 간의 사랑을 포괄적으로 말합니다.

02 半日で 見きれないよね。

はんにち　み

한나절 만에　다 못 보겠지?

半日(はんにち) 반일, 한나절

ピザ 피자

内容(ないよう) 내용

多(おお)すぎる 너무 많다

- 기간을 나타내는 명사 뒤에 조사 で가 붙으면 '~만에'라는 한정의 뜻이 됩니다.

예 半日で 한나절 만에　　一日(いちにち)で 하루 만에

~きれない 다 ~할 수 없다

「동사 ます형+きる」는 '다 ~하다'라는 표현인데, きる의 가능 부정인 ~きれない가 붙으면 '다 ~할 수 없다'라는 의미가 됩니다. 이때의 きる는 예외 1그룹 동사인 切る(자르다)이기 때문에 きれない가 되었어요.

위 문장에서는 見る의 ます형에 붙어 見きれない '다 볼 수 없다'가 된 거예요.

예 このピザ、一人で食(た)べきれないよ。

이 피자, 혼자서 다 먹을 수 없어.

この本(ほん)は内容(ないよう)が多(おお)すぎて一日で読(よ)みきれないんです。

이 책은 내용이 너무 많아서 하루 만에 다 읽을 수 없어요.

- ~よね는 앞에서도 언급했듯이, 상대방에게 확인이나 동의를 구하는 뉘앙스로 '나는 이렇게 생각하는데, 맞지(요)?'의 의미예요.(79쪽 참고)

03 半日(はんにち)じゃ 無理(むり)に決(き)まっているじゃん。

한나절로는 당연히 무리잖아.

無理(むり) 무리
決(き)まる 결정되다, 정해지다
全部(ぜんぶ) 전부
だめだ 안 된다
お先(さき)に 먼저
失礼(しつれい)する 실례하다
嘘(うそ) 거짓말

じゃ는 では의 축약 형태로, 여러 의미로 쓰입니다.
위 문장에서는「半日(한나절)＋では(로는)」의 축약 형태로 半日じゃ가 되었죠.

예 これ、全部飲(ぜんぶの)んではだめですよ。 이거 다 마시면 안 돼요.

＝ これ、全部飲んじゃだめですよ。

それでは、お先(さき)に失礼(しつれい)します。 그럼, 먼저 실례하겠습니다.

＝ それじゃ、お先に失礼します。

ここでは無理だろう。 여기에서는 무리겠지.

＝ ここじゃ無理だろう。

～に決(き)まっている ~하는 게 당연하다

～に決まっている는 명사, 형용사, 동사 등에 접속해 '~하는 게 당연하다, 당연히 ~하다'의 의미로 쓰입니다.

예 行(い)くに決まっているでしょ。 당연히 가야지.

～じゃん은 ～じゃない'~이잖아'의 회화체 표현으로, 편한 사이끼리 말할 때는 ない가 ん으로 바뀌는 경우가 있습니다.

예 そんなの嘘(うそ)に決まっているじゃん。 그런 거 당연히 거짓말이지.

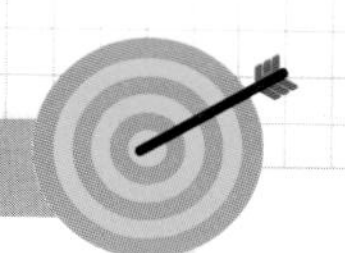

04 やっぱり 良(りょう)と 一緒(いっしょ)に 来(き)てよかった。

역시 / 료와 / 같이 / 오길 잘했어.

～ておく ～해 두다
結婚(けっこん)する 결혼하다

やっぱり는 やはり에 강조를 나타내는 촉음(っ)이 추가된 형태로, 촉음이 추가되는 자리는 は행 앞입니다. 그리고 촉음이 추가되면 ぱ, ぴ, ぷ, ぺ, ぽ로 반탁음화가 되는데,이것은 일종의 음편 현상으로 발음을 편하게 하기 위한 거예요.

예 よほど → よっぽど (상당히, 꽤)

～てよかった ～하길 잘했다

「동사 て형+よかった」는 '～하길 잘했다'라는 의미입니다. 때로는 동사 て형 뒤에 本当に(정말로), とても(매우) 등의 부사가 붙어 더욱 강조하기도 합니다.

예 本(ほん)をたくさん読(よ)んでおいてよかった。
책을 많이 읽어 두길 잘했어.

彼(かれ)と結婚(けっこん)して本当(ほんとう)によかった。
그와 결혼하길 정말 잘했어.

PART 17에서 배운 ～ばよかったのに '～하면 좋았을 텐데'는 후회나 유감을 나타내는 표현이고, ～てよかった는 만족의 감정을 나타내니 서로 상반된 의미라고 볼 수 있겠죠.

문·형·연·습

01 MP3_18_01

お台場(だいば)ってこんなに大(おお)きいところだなんて。

오다이바가 이렇게 큰 곳이라니.

① 仲良(なかよ)しの二人(ふたり)が別(わか)れた

② 彼(かれ)がこんなに約束(やくそく)を守(まも)らない人(ひと)

③ あの元気(げんき)な山田(やまだ)さんがなくなった

④ ヘビースモーカーの彼がタバコをやめた

仲良(なかよ)し 사이가 좋음, (사이가 좋은) 친구 | 別(わか)れる 헤어지다 | 約束(やくそく) 약속 | 守(まも)る 지키다 | なくなる 죽다, 돌아가시다 | ヘビースモーカー 헤비 스모커, 골초 | タバコをやめる 담배를 끊다

02 MP3_18_02

半日(はんにち)で見(み)きれないよね。

한나절 만에 다 못 보겠지?

① 食材(しょくざい)を一回(いっかい)で使(つか)う

② 荷物(にもつ)がかばんに入(はい)る

③ 顔(かお)のしみはメークで隠(かく)す

④ 難(むずか)しい単語(たんご)は一日(いちにち)で覚(おぼ)える

食材(しょくざい) 요리 재료, 식품 재료 | 一回(いっかい) 일 회, 한 번 | 荷物(にもつ) 짐, 화물 | 顔(かお) 얼굴 | しみ (얼굴의) 기미 | メーク 메이크업, 화장 | 隠(かく)す 숨기다, 가리다 | 単語(たんご) 단어, 낱말

03 MP3_ 18_03

半日じゃ無理(むり)に決(き)まっているじゃん。

한나절로는 당연히 무리잖아.

① 手作(てづく)りだから彼も喜(よろこ)ぶ

② 一生懸命勉強(いっしょうけんめいべんきょう)したから受験(じゅけん)に受(う)かる

③ 彼はケチだからお金(かね)を貸(か)してくれない

④ 今日(きょう)は日曜日(にちようび)だから薬屋(くすりや)は閉(し)まっている

手作(てづく)り 수제, 손수 만듦 | 喜(よろこ)ぶ 기뻐하다, 좋아하다 | 一生懸命(いっしょうけんめい) 열심히 | 受験(じゅけん) 수험 | 受(う)かる (시험에) 붙다, 합격하다 | ケチ 구두쇠 | 日曜日(にちようび) 일요일 | 薬屋(くすりや) 약국 | 閉(し)まる (가게 등이) 문을 닫다

04 MP3_ 18_04

やっぱり良(りょう)と一緒(いっしょ)に来(き)てよかった。

역시 료와 같이 오길 잘했어.

① 予習(よしゅう)をしておく

② メモを取(と)っておく

③ 店(みせ)の予約(よやく)をしておく

④ 余分(よぶん)の傘(かさ)を持(も)ってくる

予習(よしゅう) 예습 | メモを取(と)る 메모를 하다 | 予約(よやく) 예약 | 余分(よぶん) 여분

실·전·회·화

MP3_18_05

● 료와 함께 오다이바에 간 유나. 아름다운 야경을 보며 살짝 데이트 기분을 느낀 유나는 가슴이 설레는데….

良(りょう)　今度(こんど)の週末(しゅうまつ)、一緒(いっしょ)にお台場(だいば)に行(い)ってみない？

ユナ　うん、行く。前(まえ)から行きたかったんだ。

お台場で

ユナ　お台場ってこんなに大(おお)きいところだなんて。
半日(はんにち)で見(み)きれないよね。

良　半日？ 半日じゃ無理(むり)に決(き)まっているじゃん。ここは見るところがたくさんあるから今日(きょう)はゆっくり見ようよ。

ユナ　ねね、あそこはどこ？

良　あそこはビーナスフォートというショッピングモールだよ。
あそこで買(か)い物(もの)しようか。

ユナ　うん。とりあえずぐるっと見まわしてみよう。

買い物後(ご)

ユナ　今日は買い物もたくさんしたし、すごく楽(たの)しかったよ。
やっぱり良と一緒に来(き)てよかった。

良　僕(ぼく)も。

今度(こんど) 이번, 다음 | 週末(しゅうまつ) 주말 | 前(まえ)から 전부터 | ビーナスフォート 비너스 포트 | ショッピングモール 쇼핑몰 | とりあえず 우선, 일단 | ぐるっと 주위를 돌거나 둘러싸는 모양. 빙, 휙 | 見(み)まわす 둘러보다

료　이번 주말에 같이 오다이바에 가 보지 않을래?
유나　응, 갈래. 예전부터 가고 싶었어.

오다이바에서

유나　오다이바가 이렇게 큰 곳이라니.
한나절 만에 다 못 보겠지?
료　한나절? 한나절로는 당연히 무리잖아.
여긴 볼 데가 많으니까 오늘은 천천히 보자.
유나　있잖아, 저긴 어디야?
료　저기는 비너스 포트라는 쇼핑몰이야. 저기서 쇼핑할까?
유나　응. 우선 빙 둘러보자.

쇼핑 후

유나　오늘은 쇼핑도 많이 했고, 굉장히 즐거웠어.
역시 료와 같이 오길 잘했어.
료　나도.

Plus

すごい

'대단하다, 굉장하다'라는 의미의 い형용사인데, 부사형 すごく '대단히, 무척'의 형태로도 많이 쓰입니다. すごく가 とても보다 구어적인 표현입니다.

유나의 일기

'ユナの日記'

MP3_18_06

良(りょう)と二人(ふたり)でお台場(だいば)デート?

今日(きょう)は良とお台場に行(い)った。前(まえ)から行きたかったけど、良が連(つ)れていってくれて、ありがたかった。最初(さいしょ)、お台場に着(つ)いたら、意外(いがい)と広(ひろ)くて、半日(はんにち)で見(み)きれないような気(き)がした。良と私(わたし)はゆっくり楽(たの)しむことにした。お台場はカップルたちのデートコースというから私たちもカップルになった気分(きぶん)で一緒(いっしょ)に買(か)い物(もの)をした。夜景(やけい)もきれいだったし、今日は久(ひさ)しぶりに、ロマンチックなデートをしたような気(き)がしてとても楽(たの)しい一日(いちにち)だった。

오늘은 료와 오다이바에 갔다. 전부터 가고 싶었는데, 료가 데려가 줘서 고마웠다. 처음, 오다이바에 도착하니 의외로 넓어서 한나절 만에 다 볼 수 없을 것 같은 기분이 들었다. 료와 나는 천천히 즐기기로 했다. 오다이바는 커플들의 데이트 코스라고 하니까 우리들도 커플이 된 기분으로 같이 쇼핑을 했다. 야경도 예뻤고, 오늘은 오랜만에 로맨틱한 데이트를 한 기분이 들어 너무 즐거운 하루였다.

連(つ)れる 데려가다, 데려오다, 동행하다 | ありがたい 고맙다, 감사하다 | 最初(さいしょ) 처음, 최초 | 着(つ)く 도착하다 | 意外(いがい)と 의외로 | 気(き)がする 기분이 들다 | 楽(たの)しむ 즐기다 | カップル 커플, 연인 | デートコース 데이트 코스 | 気分(きぶん) 기분 | 夜景(やけい) 야경 | 久(ひさ)しぶりに 오랜만에 | ロマンチック 로맨틱

Nekokenの ちょこっと 東京サンポ

勝沼 かつぬま 가쓰누마

▲ 가쓰누마의 포도밭

와인 산지 가쓰누마

가쓰누마는 일본을 대표하는 와인 산지로 80여 개의 와이너리와 30여 개의 양조 회사가 모여 있는 지역입니다. 높은 산으로 둘러싸인 분지인 데다가, 연간 강수량이 1,000밀리 정도에 여름엔 덥고 겨울엔 혹독하게 추운 날씨 때문에 달콤하고 맛있는 포도를 재배하기 좋습니다. 넓게 펼쳐진 포도밭을 배경으로 상큼하고 깔끔한 뒷맛이 일본 요리와도 잘 어울리는 일본산 와인을 함께 즐길 수 있어요.

향긋한 와인 시음

가쓰누마에서 생산되는 다양한 와인의 맛을 비교해 보고 싶다면 가쓰누마의 와인을 한자리에 모아 놓은 「부도노오카ぶどうの丘(おか)」가 편리합니다. 약 200여 종류의 와인을 자유롭게 시음할 수 있는 지하 와인 창고 와인 카브ワインカーヴ를 1인당 약 천 엔 정도의 저렴한 가격으로 이용할 수 있어요. 소믈리에가 된 기분으로 타스트뱅Tastevin(와인을 시음하기 위해 은으로 만든 컵)을 손에 들고 향긋한 와인을 원 없이 맛보세요.

▲ 타스트뱅

와이너리 방문

▲ 부도노오카의 와인 카브

일본 최초이자 최고의 와이너리로 유명한 「샤토 메르샹Chateau Mercian」, 만화 「신의 물방울神(かみ)の雫(しずく)」에 등장하는 「그레이스 와이너리グレイスワイナリー」 등 유명한 와이너리를 직접 방문해 보는 것도 재미있어요. 와인을 만드는 과정을 구경하거나 와인에 대해 소개하는 투어 등을 운영하는 곳도 많고, 와인 테이스팅도 가능해서 입맛에 맞는 와인을 찾아 구입할 수 있습니다.

カップルだらけ
らしいですよ。
東京の観光ばかり
しているので。
前から行き
たがってたでしょ？

PART 19

떠나자 온천으로

- ~たがる

  ~하고 싶어 하다

- ~ばかり~ている

  ~만 ~하고 있다

- ~ついでに

  ~한 김에

- ~だらけ

  ~투성이

© San von Mai / Shutterstock.com

핵·심·문·형

01 前から 行きたがってたでしょ？

전부터 가고 싶어 했지?

前から 전부터

ほしい 갖고 싶다, 필요하다

甘いもの 단것

お酒 술

～たがる ～하고 싶어 하다

～たい'～하고 싶다'에서 い를 뺀 형태에 がる를 붙인 ～たがる는 '～하고 싶어하다' 라는 제3자의 희망을 나타내는 표현입니다.

위 문장에서는 行きたい(가고 싶다)에 がる가 접속해 行きたがる가 되었는데, 여기에다 '～했었다'(과거 진행)라는 ～ていた의 い가 빠져서 行きたがってた '가고 싶어 했었다'가 된 거예요. 문법적으로 좀 복잡할 수 있는 문장이지만, 앞에서 설명한 문법 내용을 차근차근 읽어 보면 이해가 될 거예요.

～たがる형을 만드는 방법은 아래와 같습니다.

예 食べる → 食べたがる

子供は甘いものを食べたがります。 어린이는 단것을 먹고 싶어 합니다.

飲む → 飲みたがる

彼はお酒を飲みたがっています。 그는 술을 마시고 싶어 하고 있습니다.

!「い형용사 어간+がる」는 '～해 하다'라는 의미가 됩니다.

예 かわいがる 귀여워하다

ほしがる 갖고 싶어 하다

～でしょ는 ～でしょう의 줄임말로, 끝을 올려서 말하면 여성들이 어떤 사실을 확인하는 뉘앙스로 물을 때 쓰는 표현이 됩니다. 남성들은 ～だろ(う)라고 한다고 앞에서 언급했었죠? (199쪽 참고)

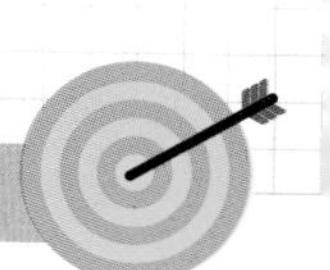

02 東京の 観光ばかり しているので。

도쿄 관광만 하고 있어서.

~ばかり~ている ~만 ~하고 있다

観光 관광

スーツ 정장

着る 입다

受験 수험

健康 건강

散歩 산책

映画 영화

「명사+ばかり」는 '~만, ~뿐'이라는 뜻으로, 뒤에 ~ている가 붙으면 '~만 하고 있다'라는 의미가 됩니다. 위 문장에서는 '다른 곳은 안 가고 도쿄 관광만 하고 있다'는 표현으로 쓰였네요.

예 一日中テレビばかり見ています。
온종일 TV만 보고 있어요.

彼はいつもスーツばかり着ています。
그는 항상 정장만 입고 있어요.

비슷한 표현의 「동사 て형+ばかりいる」는 '~만 하고 있다'는 뜻으로 같은 상황의 계속을 나타냅니다.

예 毎日遊んでばかりいて、受験はどうする？
매일 놀고만 있고, 수험은 어떻게 해?

寝てばかりいると健康によくないよ。散歩でもしたら？
잠만 자고 있으면 건강에 좋지 않아. 산책이라도 하는 게 어때?

「동사 た형+ばかり」는 '막 ~했다, ~한 지 얼마 안 되다'라는 뜻으로, 어떤 동작을 하고 시간이 얼마 지나지 않았음을 나타냅니다. (109쪽 참고)

예 映画は今始まったばかりです。
영화는 지금 막 시작됐어요.

핵·심·문·형

03 ここまで 来たついでに 神戸も 回ってみない？

ここまで 여기까지 / 来たついでに 온 김에 / 神戸も 고베도 / 回ってみない？ 돌아보지 않을래?

神戸 고베(지명, 효고 현의 현청 소재지)
回る 돌다
銀行 은행
寄る 들르다
京都 교토(지명, 긴키지방의 행정구역 중 하나, 일본의 옛 수도)
~てくる ~하고 오다
山登り 등산
湧き水 약수
汲む (물 등을) 긷다, 푸다

~ついでに ~한 김에

「동사 기본형/동사 た형＋ついでに」는 우리말의 '~하는 김에/~한 김에'라는 의미로, 뒤에는 주로 '~한 김에 ~했다'라는 과거형이나 '~한 김에 ~하고 싶다, ~할까(요)?'라는 권유, 희망 표현 등이 옵니다. 이 문장에서는 뒤에 '고베도 돌아보지 않을래?'라는 가벼운 권유 표현이 쓰였네요.

예 買い物に行くついでに、銀行にも寄ろうか。
쇼핑 가는 김에, 은행에도 들를까?

仕事で京都に行ったついでに京都の友達に会ってきた。
일로 교토에 간 김에 교토에 있는 친구를 만나고 왔다.

❗ 명사 뒤에서는 ～のついでに 형태로 접속합니다.
예 山登りのついでに湧き水も汲んできた。
산에 오르는 김에 약수도 퍼 왔다.

回る(돌다, 둘러보다)와 みる가 합쳐져서 回ってみる(돌아보다)가 되었습니다.

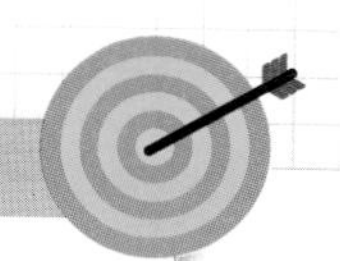

04 カップルだらけらしいですよ。

커플투성이라고 하던데요.

カップル 커플, 연인
長い間 오랜 기간
掃除 청소
ほこり 먼지
ギャンブル 도박
借金 빚, 빚냄

～だらけ ～투성이

「명사+だらけ」는 '～투성이'라는 뜻으로 '그것이 많음'을 나타내는 표현입니다. 단, 화자가 부정적인 의미로 판단, 평가할 때 쓰이는 경우가 많아요.

예 長い間掃除していないので、部屋がほこりだらけになっている。
오랜 기간 청소를 하지 않았기 때문에, 방은 먼지투성이가 되어 있다.

彼はギャンブルで借金だらけだ。
그는 도박으로 빚투성이다.

だらけ와 비슷한 의미의 まみれ(투성이, 온통 범벅이 돼서 더러워진다는 의미)는 汗(땀), ほこり(먼지), 血(피), 泥(진흙) 등의 명사에 붙어 汗まみれ, ほこりまみれ, 血まみれ, 泥まみれ라는 표현으로 흔히 씁니다. 모두 청결한 이미지는 아니죠? 즉, 몸 전체를 덮고 있을 정도로 많이 붙어 있는 상태를 말합니다.

～らしい는 간접적인 정보를 토대로 한 객관적 추측 표현입니다. (121쪽 참고)

문·형·연·습

01 MP3_19_01

前から行きたがってたでしょ？
전부터 가고 싶어 했지?

① 日本語で話す
② さっきから休む
③ みんなお酒を飲む
④ どこかに遊びに行く

さっき 아까, 조금 전 | どこか 어딘가

02 MP3_19_02

東京の観光ばかりしているので。
도쿄 관광만 하고 있어서.

① 文句 / 言う
② けんか / する
③ いたずら / する
④ ケータイ / いじる

文句(もんく) 불평, 불만 | けんか 싸움 | いたずら 장난 | ケータイ 휴대폰, 휴대전화 | いじる 주무르다, 만지작거리다

03 MP3_19_03

ここまで来(き)たついでに、神戸(こうべ)も回(まわ)ってみない？

여기까지 온 김에 고베도 돌아보지 않을래?

① ガソリンを入(い)れる / 洗車(せんしゃ)もする

② 出張(しゅっちょう)でパリに行く / パリの観光もする

③ ブラウスを買(か)う / それに合(あ)うスカートも買う

④ 実家(じっか)に帰(かえ)る / 昔(むかし)、通(かよ)っていた小学校(しょうがっこう)にも行く

ガソリンを入(い)れる 기름을 넣다 | 洗車(せんしゃ) 세차 | 出張(しゅっちょう) 출장 | パリ 파리(지명, 프랑스의 수도) | ブラウス 블라우스 | スカート 스커트, 치마 | 合(あ)う 어울리다, 잘 맞다 | 実家(じっか) 본가, 부모님이 살고 계신 집 | 昔(むかし) 옛날 | 通(かよ)う 다니다 | 小学校 (しょうがっこう) 초등학교

04 MP3_19_04

カップルだらけらしいですよ。

커플투성이라고 하던데요.

① 汗(あせ)

② 泥(どろ)

③ ごみ

④ 間違(まちが)い

ごみ 쓰레기 | 間違(まちが)い 잘못, 틀림, 실수

실·전·회·화

MP3_19_05

● 도쿄를 벗어나 홈스테이 가족들과 지방으로 온천 여행을 떠난 유나. 온 김에 고베도 둘러보기로 하는데….

杉本　今度家族旅行で有馬温泉に行くつもりだけど、ユナも行く？ 前から行きたがってたでしょ？

ユナ　はい。私も東京の観光ばかりしているので、地方にも行ってみたかったんです。

杉本　じゃ、ちょうどよかった。せっかく日本へ来たからいろんなところに行ってみなきゃね。

温泉で

ユナ　こうやってのんびりしていると疲れが取れるような気がしますね。

杉本　でしょ？ ここは銀の湯といってお肌がつるつるになるから女性に大人気なんだって。

ユナ　そうなんですか。もうつるつるになった感じです。

杉本　じゃ、次は露天風呂に行こうか。ここまで来たついでに神戸も回ってみない？ 神戸の夜景はとてもきれいよ。

ユナ　楽しみですね。でも夜景の見える公園はカップルだらけらしいですよ。

今度(こんど) 이번, 다음 | 旅行(りょこう) 여행 | 有馬温泉(ありまおんせん) 아리마 온천(고베 시에 있는 역사 깊은 온천) | 地方(ちほう) 지방 | ちょうど 때마침, 알맞게, 꼭 | いろんな 여러 가지의, 다양한 | のんびり 한가로이, 유유히 | 疲(つか)れが取(と)れる 피로가 풀리다 | 気(き)がする 기분이 들다 | 銀(ぎん) 은 | 湯(ゆ) 목욕탕 | 肌(はだ) 피부 | つるつる 반들반들, 매끈매끈 | 大人気(だいにんき) 인기가 많음 | 露天風呂(ろてんぶろ) 노천탕 | 夜景(やけい) 야경 | 楽(たの)しみ 기대, 즐거움 | 見(み)える 보이다

스기모토 이번에 가족 여행으로 아리마 온천에 갈 생각인데, 유나도 갈래?
전부터 가고 싶어 했지?

유나 네. 저도 도쿄 관광만 하고 있어서, 지방에도 가 보고 싶었어요.

스기모토 그럼, 마침 잘됐네. 모처럼 일본에 왔으니까 여러 곳에 가 봐야지.

온천에서

유나 이렇게 한가롭게 있으니까 피로가 풀리는 것 같은 기분이 드네요.

스기모토 그렇지? 여기는 은탕이라고 하는데, 피부가 매끈매끈해져서
여성들한테 인기가 많대.

유나 그래요? 벌써 매끈매끈해진 느낌이에요.

스기모토 그럼, 다음은 노천탕에 가 볼까?
여기까지 온 김에 고베도 돌아보지 않을래?
고베의 야경은 정말 예쁘단다.

유나 기대돼요. 근데 야경이 보이는 공원은
커플투성이라고 하던데요.

Plus

ちょうど

예상 · 기대 · 목적에 합치하는 모양을 나타내는 말로, 주로 '때마침, 딱'으로 해석하며, ちょうどいい(딱 좋다)의 형태로 많이 씁니다.

のんびり

한가롭고 평온한 모양. '느긋하게, 한가로이, 태평하게'를 나타내는 말로 보통 のんびりする(느긋하게 지내다)의 형태로 씁니다.

そうなんですか

そうですか(그래요?)의 んです체로 강조의 표현입니다.

유나의 일기

'ユナの日記'

ホストファミリーと温泉旅行へ。

今日はホストファミリーと一緒に温泉旅行に来ている。いつも東京ばかり観光していたのに、初めて地方の方に来て温泉でのんびりできて、とても気持ちよかった。銀の湯というお風呂は肌がつるつるになって、女性に大人気だと言うから行ってみたけど、本当にお肌がつるつるになったような気がした。最後に行った露天風呂では、まるで自然の中にいるみたいでさわやかだった。ここまで来たついでに、神戸にも行ってみようということで、明日は神戸へ行くことにした。神戸は神戸牛も有名だし、夜景もきれいだと言うから、明日がとても楽しみだ。

오늘은 홈스테이 가족들과 함께 온천 여행에 왔다. 항상 도쿄만 관광했었는데, 처음으로 지방 쪽으로 와서 온천에서 여유롭게 있을 수 있어서 매우 기분이 좋았다. 은탕이라는 곳은 피부가 매끈매끈해져서 여성들에게 큰 인기라고 해서 가 보았는데, 정말 피부가 매끈해진 것 같은 기분이 들었다. 마지막에 간 노천탕에서는 마치 자연 속에 있는 것 같아서 상쾌했다. 여기까지 온 김에 고베에도 가 보자고 해서 내일은 고베에 가기로 했다. 고베는 고베산 소고기도 유명하고, 야경도 예쁘다고 하니까 내일이 무척 기대된다.

ホストファミリー 홈스테이 가정 | 初(はじ)めて 처음으로, 최초로 | 気持(きも)ちいい 기분 좋다 | お風呂(ふろ) (목욕) 탕 | 本当(ほんとう)に 정말로 | 最後(さいご) 마지막, 최후 | まるで 마치 | 自然(しぜん) 자연 | ~みたいだ ~인 것 같다 | さわやかだ 상쾌하다 | ~ということで ~라고 해서 | 神戸牛(こうべぎゅう) 고베산 소고기 | 有名(ゆうめい)だ 유명하다

清里きよさと 기요사토

고원 지대 기요사토

▲ 기요사토 역 앞

기요사토는 야마나시 현山梨県(やまなしけん)에 있는 고원 지대로 여러 개의 높은 산이 이어져 있는 야쓰가타케八ヶ岳(やつがたけ)의 남쪽에 위치해 있습니다. 거품 경제 시대에 도쿄에서 전차로 갈 수 있는 휴양지로 자리매김했으며, 여름에는 서늘한 피서를, 겨울에는 스키를 즐기는 사람들이 찾습니다. 거품 경제가 꺼지면서 기요사토도 쇠퇴하기 시작했지만, 지금은 예술과 결합된 각종 문화 행사와 공방, 갤러리 등이 많은 마을이 되었어요.

모에기노무라

기요사토를 대표하는 휴양 시설인 「모에기노무라萌木の村(もえぎのむら)」는 약 20여 개의 공방이 있는 상점가, 레스토랑, 카페, 야외 공연장, 호텔까지 갖춰져 있는 리조트입니다. 폭포가 보이는 산책로를 따라 맑은 공기를 마시며 삼림욕을 즐기기 좋습니다. 여름에는 야외 특설 무대에서 발레 공연을 하는데 반짝이는 밤하늘의 별과 함께 로맨틱하게 즐길 수 있어요.

▲ 모에기노무라의 산책로

저지헛의 아이스크림

▲ 저지헛의 아이스크림

기요사토 역에서 무료 셔틀버스를 타고 산 위로 올라가면 고원 지대에 펼쳐진 드넓은 목장 「저지헛Jersey Hut」이 나옵니다. 저지라는 품종의 소에서 나오는 유기농 우유는 시판 우유에 비해 2~3배 정도 가격이 비싸지만, 생크림처럼 진하고 고소한 맛이 일품이에요. 특히 저지 우유로 만든 소프트 아이스크림은 한번 맛보면 잊히지 않을 정도로 입에 착 감겨요.

Departure
出発
僕のこと、
忘れるなよ。
忘れるわけが
ないじゃん。
韓国に着き次第
電話するね。

PART 20

안녕 도쿄

- ~わりには

  ~에 비해서는

- ~次第(しだい)

  ~하는 대로

- ~(する)な

  ~하지 마(금지형)

- ~わけがない

  ~일 리가 없다

© Sean Pavone / Shutterstock.com

핵·심·문·형

01 6ヶ月(ろっかげつ)のわりには 日本語(にほんご)が 結構(けっこう) 上達(じょうたつ)したと思(おも)うよ。

6개월 있었던 것에 비해서는 일본어가 많이 향상된 것 같구나.

結構(けっこう) 꽤, 상당히
上達(じょうたつ)する (학문, 기술 등이) 향상되다
新製品(しんせいひん) 신제품
販売(はんばい) 판매
よく 자주, 잘
売(う)れる 팔리다
やせる 마르다
値段(ねだん) 값, 가격
背(せ)が高(たか)い 키가 크다
太(ふと)る 살찌다
暖(あたた)かい 따뜻하다
生活(せいかつ) 생활
~やすい ~하기 쉽다

~わりには ~에 비해서는

「보통체(반말체)+わりには」는 '~에 비해서는, ~치고는'의 뜻입니다. 주로 '앞에 제시한 내용에 비해서는 괜찮다'라는 의미로 쓰이는 경우가 많죠. 위 문장에서는 '6개월이라는 짧은 시간에 비해서는' 일본어가 많이 향상되었다는 의미로 쓴 거예요.

예 新製品(しんせいひん)が販売(はんばい)されてまだ3ヶ月(さんかげつ)ですが、そのわりにはよく売(う)れています。
신제품이 판매된 지 아직 3개월밖에 안 됐지만, 그에 비해서는 잘 팔리고 있습니다.

彼女(かのじょ)はやせているわりにはよく食(た)べる。
그녀는 마른 것에 비해서는 잘 먹는다.

値段(ねだん)が高(たか)かったわりには、おいしくなかった。
가격이 비싼 것치고는 맛있지 않았다.

! 명사 뒤에는 ~のわりには의 형태가 됩니다. は가 빠진 형태의 ~わりに를 사용할 수도 있는데, 주로 ~わりに 뒤에 긍정적인 내용이 오는 경우가 많습니다.

예 子供(こども)のわりには背(せ)も高いし、太(ふと)っている。
아이치고는 키도 크고 뚱뚱하다.

冬(ふゆ)のわりに暖(あたた)かくて生活(せいかつ)しやすい。
겨울치고는 따뜻해서 생활하기 쉽다.

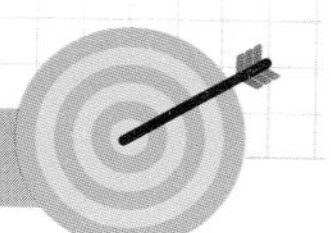

02 韓国(かんこく)に 着(つ)き次第(しだい) 電話(でんわ)するね。

한국에 도착하는 대로 전화할게.

着(つ)く 도착하다
日程(にってい) 일정
決(き)まる 결정되다
知(し)らせる 알리다
会議(かいぎ) 회의
何事(なにごと) 어떤 일, 모든 일
自分(じぶん) 자기 자신

～次第(しだい) ～하는 대로

「동사 ます형+次第」는 '~하는 즉시, ~하는 대로'라는 뜻이에요. 또한 ～次第는 명사 뒤에 붙어 '~에 따라 결정된다, ~하기 나름이다'의 뜻으로 쓰입니다. 접속 방법에 따라 전혀 다른 뜻이 되니 주의하세요. 위 문장에서는 着く의 ます형에 붙어 着き次第(도착하는 대로)가 되었죠.

예 日程(にってい)が決(き)まり次第みんなにお知(し)らせします。
일정이 정해지는 대로 모두에게 알려 드리겠습니다.

会議(かいぎ)が終(お)わり次第電話(でんわ)します。
회의가 끝나는 대로 전화할게요.

! 명사 뒤에 접속할 때는 の가 붙지 않아요.

예 何事(なにごと)も自分(じぶん)次第ですよ。
뭐든지 자기 하기 나름이에요.

핵·심·문·형

03 韓国(かんこく)に 帰(かえ)っても 僕(ぼく)のこと 忘(わす)れるなよ。

한국에 / 돌아가도 / 나 / 잊지 마.

忘(わす)れる 잊다, 잊어버리다
お酒(さけ) 술
触(さわ)る 만지다, 손을 대다
タバコを吸(す)う 담배를 피우다

僕のこと는 '나에 관한 것, 나에 대해서'라는 뉘앙스로 개인적인 주제에 치중하여 말하는 느낌으로 이해하면 됩니다. 이때의 こと는 우리말에는 없는 표현인 만큼 해석에는 영향을 주지 않아요.

예 あなたのことが好(す)きです。 당신을 좋아합니다.

> 僕는 남자가, 자신과 동등하거나 손아래인 상대에게 허물없이 쓰는 인칭대명사예요.

~(する)な ~하지 마(금지형)

「동사 기본형+な」는 '~하지 마'라는 뜻의 금지형 표현으로, 위 문장처럼 주로 ~なよ 형태로 더욱 강조하는 경우가 많습니다.

예 ここに来(く)るな。 여기 오지 마.
お酒(さけ)を飲(の)むな。 술을 마시지 마.
これに触(さわ)るな。 이것에 손대지 마.
タバコを吸(す)うな。 담배를 피우지 마.

> ~しないでください'~하지 말아 주세요'에서 ください를 뺀 형태인 ~ないでは ~するな보다는 완곡한 명령 표현입니다. 주로 여성들이 많이 쓰죠. (51쪽 참고)
>
> 예 私(わたし)のことを忘れないで。 나를 잊지 마.
> そんなこと言(い)わないでよ。 그런 말 하지 마.

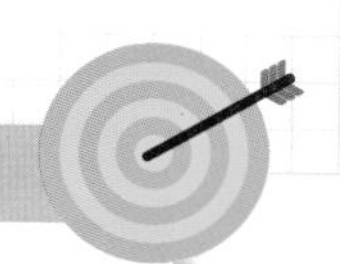

04 忘れるわけがないじゃん。

잊을 리가 없잖아.

さっき 아까, 조금 전

～はずだ ～일 것이다

～わけがない ～일 리가 없다

「보통체(반말체)+わけがない」는 '～일 리가 없다'라는 뜻으로, 그렇게 할 이유가 없다는 주관적인 생각을 나타냅니다. 비슷한 표현의 ～はずがない'～일 리가 없다'는 객관적인 이유와 근거를 제시하여 그렇게 할 리가 없다는 것을 표현할 때 씁니다. 회화체에서는 두 표현 다 조사 が를 빼고 말하는 경우가 많죠. 여기서는 '잊을 리가 없다(이유가 없다)'라는 자신의 생각에 ～じゃない'이잖아'의 축약 형태인 ～じゃん이 붙어 忘れるわけないじゃん이 되었어요

예 彼(かれ)が来るわけがない。

그가 올 리가 없다. (자신의 주관적인 생각)

さっきそこにおいといたから、そこにないはずがないのに…。

아까 거기 놔두었기 때문에, 거기 없을 리가 없는데…. (근거를 통한 확신)

! 명사 뒤에 접속할 때는「명사+のわけがない」, な형용사 뒤에 접속할 때는「な형용사의 어간+わけがない」의 형태가 됩니다.

예 あの人(ひと)が韓国人(かんこくじん)のわけないでしょう。

저 사람이 한국인일 리 없죠.

山田(やまだ)さんの部屋(へや)がきれいなわけないでしょう。

야마다 씨의 방이 깨끗할 리가 없죠.

문·형·연·습

01 MP3_20_01

6ヶ月のわりには日本語が結構上達したと思うよ。
6개월 있었던 것에 비해서는 일본어가 많이 향상된 것 같구나.

① 値段 / いまいちな味　② 年 / しっかりしている
③ モデル / あまりやせていない　④ 背が低い / ジャンプ力がある

いまいちだ 별로다, 조금 부족하다 | 味(あじ) 맛 | 年(とし) 나이 | しっかりする 똑 부러지다, 착실하다 | モデル 모델 | 背(せ)が低(ひく)い 키가 작다 | ジャンプ力(りょく) 점프력

02 MP3_20_02

韓国に着き次第電話するね。
한국에 도착하는 대로 전화할게.

① 状況が分かる / 連絡する　② 雨が止む / 出発する
③ メールが届く / 返信する　④ 授業が終わる / 家に帰る

状況(じょうきょう) 상황 | 連絡(れんらく)する 연락하다 | 雨(あめ)が止(や)む 비가 그치다 | 出発(しゅっぱつ)する 출발하다 | メール 메일 | 届(とど)く 도착하다 | 返信(へんしん)する 답장을 보내다, 회신하다 | 授業(じゅぎょう) 수업

03 MP3_20_03

韓国に帰っても僕(ぼく)のこと忘(わす)れるなよ。

한국에 돌아가도 나 잊지 마.

① 授業中(ちゅう)には韓国語(かんこくご)を使(つか)う

② 私(わたし)のことをデブって呼(よ)ぶ

③ 彼(かれ)みたいな男(おとこ)と付(つ)き合(あ)う

④ 一日(いちにち)1時間以上(じかんいじょう)テレビを見(み)る

授業中(じゅぎょうちゅう) 수업 중 | デブ 뚱뚱함, 뚱뚱보 | 呼(よ)ぶ 부르다 | 付(つ)き合(あ)う 사귀다, 교제하다 | 以上(いじょう) 이상

04 MP3_20_04

忘れるわけがないじゃん。

잊을 리가 없잖아.

① 100点(てん)が取(と)れる

② 彼と別(わか)れる

③ あなたが嫌(きら)いだ

④ 宝(たから)くじに当(あ)たる

~点(てん) ~점 | 取(と)れる 얻다, (좋은 기록이) 나다 | 別(わか)れる 헤어지다 | 宝(たから)くじ 복권 | 当(あ)たる 당첨되다

● 6개월간의 짧은 일본 생활을 마치고 귀국하는 유나. 미카와 료가 공항에서 유나를 배웅하는데….

杉本(すぎもと)　もう6ヶ月(ろっかげつ)が経(た)ってしまったのね。

ユナ　短(みじか)い間(あいだ)でしたが、お世話(せわ)になりました。
本当(ほんとう)にやさしくしていただいて心(こころ)から感謝(かんしゃ)しています。

杉本　いいえ。ユナも6ヶ月のわりには日本語(にほんご)が結構上達(けっこうじょうたつ)したと思(おも)うよ。

ユナ　ありがとうございます。
でもまだまだですから、もっと頑張(がんば)ります。

空港(くうこう)で

美香(みか)　離(はな)れていても連絡(れんらく)してね。

ユナ　うん。韓国(かんこく)に着(つ)き次第(しだい)電話(でんわ)するね。

良(りょう)　韓国に帰(かえ)っても僕(ぼく)のこと忘(わす)れるなよ。

ユナ　良のことを忘れるわけがないじゃん。好(す)きだから…。
今度(こんど)は韓国でデートしよう。

経(た)つ (시간이) 흐르다, 지나다 | 短(みじか)い間(あいだ) 짧은 기간 | 世話(せわ)になる 신세를 지다 | やさしい 착하다, 상냥하다 | 心(こころ)から 마음으로부터, 진심으로 | 感謝(かんしゃ)する 감사하다 | まだまだ 아직, 아직도 | 頑張(がんば)る 노력하다, 분발하다 | 離(はな)れる 떨어지다, 멀어지다 | 今度(こんど) 이번, 다음 | デート 데이트

스기모토 벌써 6개월이 지나 버렸네.

유나 짧은 기간이었지만, 신세 많이 졌습니다.
정말 잘해 주셔서 진심으로 감사드려요.

스기모토 아니야. 유나도 6개월 있었던 것에 비해서는 일본어가 많이 향상된 것 같구나.

유나 감사합니다. 하지만 아직 멀었으니까 더욱 열심히 할게요.

공항에서

미카 떨어져 있어도 연락해.

유나 응. 한국에 도착하는 대로 전화할게.

료 한국에 돌아가도 나 잊지 마.

유나 료를 잊을 리가 없잖아. 좋아하니까….
다음번에는 한국에서 데이트하자.

お世話(せわ)になりました

'신세 많이 졌습니다'라는 표현으로 꼭 상대방에게 신세를 지지 않았어도 정형화된 인사말로 쓰는 경우가 많습니다.

예 息子(むすこ)がいつもお世話になっております。
아들이 항상 신세지고 있습니다.

そろそろ

크게 두 가지로 나누어, 이제 뭔가를 해야 할 상황에 쓰이는 '이제, 곧'과 동작 등을 천천히 여유 있게 하는 모양에 쓰이는 '슬슬, 천천히'란 뜻이 있습니다.

유나의 일기

'ユナの日記'

さようなら、東京。

今日は日本での最後の日だった。今までお世話になったホストファミリーのみんなにお礼を言って早めに家を出た。美香と良が空港まで見送りに来てくれた。6ヶ月の間だったけど、あの二人に本当にやさしくしてもらったし、思い出もたくさん作ってくれたので、別れる時は悲しくて涙が出た。離れても連絡しようと約束したから、これからもたくさんイーメールのやりとりをしよう。こうして、私の6ヶ月間の日本生活が今日で終わった。6ヶ月の間に結構日本語が上手になったと思う。せっかく日本で覚えた言葉を忘れないように、韓国でももっと頑張らなきゃ。頑張れ、ユナ!!

bye

오늘은 일본에서의 마지막 날이었다. 지금까지 신세를 졌던 홈스테이 가족들에게 감사의 말을 하고 조금 일찍 집을 나섰다. 미카와 료가 공항까지 배웅하러 나와 주었다. 6개월 동안이었지만, 그 두 사람이 정말 잘해 주었고, 추억도 많이 만들어 주었기 때문에, 헤어질 때 슬퍼서 눈물이 났다. 떨어져 있어도 연락하자고 약속했으니까 이제부터 이메일을 주고 받아야겠다. 이렇게 해서 나의 6개월간의 일본 생활이 오늘로 끝났다. 6개월 동안 꽤 일본어가 능숙해진 것 같다. 애써 배운 일본어를 잊어버리지 않도록 한국에서도 더 열심히 해야지. 힘내자, 유나!!

最後(さいご)の日(ひ) 마지막 날 | お礼(れい)を言(い)う 감사의 말을 하다 | 早(はや)めに 조금 일찍 | 空港(くうこう) 공항 | 見送(みおく)り 전송, 배웅 | 思(おも)い出(で) 추억 | 悲(かな)しい 슬프다 | 涙(なみだ)が出(で)る 눈물이 나다 | 約束(やくそく)する 약속하다 | イーメール 이메일 | やりとり 주고받기 | こうして 이렇게 해서 | せっかく 애써, 모처럼 | 言葉(ことば) 말, 단어

Nekoken の ちょこっと 東京サンポ

甲府こうふ 고후

▲ 다케다 신사

과일의 왕국 고후

고후는 후지 산이 있는 야마나시 현山梨県やまなしけん의 현청 소재지로 도쿄의 신주쿠에서 전차로 1시간 반이면 갈 수 있습니다. 분지로 이루어진 지형이라 포도, 복숭아, 자두 등 당도 높은 여름철 과일이 많이 생산되어, '과일의 왕국'이라고 불립니다. 또한 시내는 물론 외곽에도 크고 작은 온천이 많아서 후지 산 관광과 함께 온천 여행을 하기 좋아요.

다케다 신사와 신겐모치

고후를 대표하는 역사적 인물인 다케다 신겐武田信玄たけだしんげん을 신으로 모시는 다케다 신사武田神社たけだじんじゃ가 유명합니다. 신사의 반 이상은 연못으로 둘러싸여 있고, 연못에는 커다란 비단 잉어들과 백조들이 유유히 헤엄치고 있어요. 신사 앞에 있는 기념품 가게에서는 고후를 대표하는 간식거리인 신겐모치信玄餅しんげんもち를 파는데 콩고물을 이용해서인지 인절미와 맛이 비슷해요.

▲ 신겐모치

▲ 호토

뜨끈한 호토

고후에서 꼭 맛봐야 하는 향토 음식은 호토ほうとう예요. 우리나라의 칼국수와 비슷한 맛과 모양을 가진 면 요리로, 칼국수의 3~4배 정도가 될 정도로 면이 넓고 두툼합니다. 면이 퍼질 만큼 푹 끓여서 먹기 때문에 탱탱하지는 않지만, 우동처럼 두툼한 면 특유의 쫀득한 식감이 살아 있어요. 2010년에 B-1 그랑프리(맛있고 저렴한 지역 음식 1위를 뽑는 전국적 이벤트)에서 우승하면서 전국적으로 유명해진 닭 내장 요리 도리모쓰니 鳥とりモツ煮に도 곁들여 드세요.

HMV
NEW
ALBUM
10月6日
FREE
HUG

권말부록

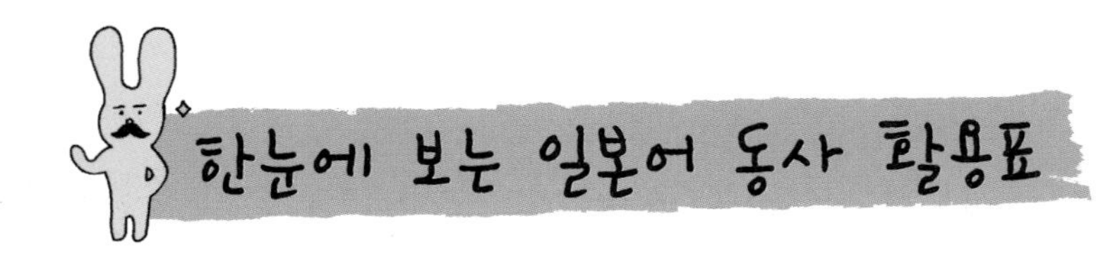

동사의 종류	기본형	ます형	ない형	て형	た형
1그룹 동사	言(い)う 말하다	言います	言わない	言って	言った
	待(ま)つ 기다리다	待ちます	待たない	待って	待った
	売(う)る 팔다	売ります	売らない	売って	売った
	死(し)ぬ 죽다	死にます	死なない	死んで	死んだ
	遊(あそ)ぶ 놀다	遊びます	遊ばない	遊んで	遊んだ
	休(やす)む 쉬다	休みます	休まない	休んで	休んだ
	書(か)く 쓰다	書きます	書かない	書いて	書いた
	泳(およ)ぐ 헤엄치다	泳ぎます	泳がない	泳いで	泳いだ
	話(はな)す 이야기하다	話します	話さない	話して	話した
	*帰(かえ)る 돌아가다	帰ります	帰らない	帰って	帰った
2그룹 동사	起(お)きる 일어나다	起きます	起きない	起きて	起きた
	入(い)れる 넣다	入れます	入れない	入れて	入れた
3그룹 동사	来(く)る 가다	来(き)ます	来(こ)ない	来(き)て	来(き)た
	する 하다	します	しない	して	した

* 예외 1그룹 동사

형태적으로는 2그룹 동사에 속하지만 1그룹 동사처럼 활용하는 동사로, 帰(かえ)る 외에도 切(き)る(자르다), 知(し)る(알다), 入(はい)る(들어가다), 走(はし)る(달리다) 등이 있다.

동사의 종류	기본형	의향형	가능형	명령형	가정형(ば)
1그룹 동사	言(い)う 말하다	言おう	言える	言え	言えば
	待(ま)つ 기다리다	待とう	待てる	待て	待てば
	売(う)る 팔다	売ろう	売れる	売れ	売れば
	死(し)ぬ 죽다	死のう	死ねる	死ね	死ねば
	遊(あそ)ぶ 놀다	遊ぼう	遊べる	遊べ	遊べば
	休(やす)む 쉬다	休もう	休める	休め	休めば
	書(か)く 쓰다	書こう	書ける	書け	書けば
	泳(およ)ぐ 헤엄치다	泳ごう	泳げる	泳げ	泳げば
	話(はな)す 이야기하다	話そう	話せる	話せ	話せば
	*帰(かえ)る 돌아가다	帰ろう	帰れる	帰れ	帰れば
2그룹 동사	起(お)きる 일어나다	起きよう	起きられる	起きろ/起きよ	起きれば
	入(い)れる 넣다	入れよう	入れられる	入れろ/入れよ	入れれば
3그룹 동사	来(く)る 가다	来(こ)よう	来(こ)られる	来(こ)い	来(く)れば
	する 하다	しよう	できる	しろ/せよ	すれば

문형연습 한국어 해석

PART 01

01.
① 짐을 맡아 주시겠습니까?
② 전화번호를 알려 주시겠습니까?
③ 일본어로 이야기해 주시겠습니까?
④ 리포트를 봐 주시겠습니까?

02.
① 신발 색은 흰색과 검은색 중 어느 쪽이 좋으십니까?
② 자리는 금연석과 흡연석 중 어느 쪽이 좋으십니까?
③ 방은 싱글 룸과 트윈 룸 중 어느 쪽이 좋으십니까?
④ 음료는 커피와 주스 중 어느 쪽이 좋으십니까?

03.
① 따로따로 부탁합니다.
② 현금으로 부탁합니다.
③ 포장(테이크 아웃)으로 부탁합니다.
④ 팩스로 부탁합니다.

04.
① 바꾸실(환전하실) 돈은 있으십니까?
② 사용하실 펜은 있으십니까?
③ 사실 것은 있으십니까?
④ 맡기실 짐은 있으십니까?

PART 02

01.
① 카메라는 어디에서 사면 돼요?
② 돈이 없을 때는 어떻게 하면 돼요?
③ 이 컴퓨터는 어떻게 사용하면 돼요?
④ 남자 친구 생일에 무엇을 주면 돼요?

02.
① 걷는 것보다 잠시 쉬는 편이 좋아요.
② 긴자보다 아키하바라에서 사는 편이 좋아요.
③ 참는 것보다 병원에 가는 편이 좋아요.
④ 콜라보다 오렌지 주스를 마시는 편이 좋아요.

03.
① 카페가 저기에 있으니까 거기에서 기다리면 돼요.
② 쓰레기통이 저기에 있으니까 거기에 버리면 돼요.
③ 편의점이 저기에 있으니까 거기에서 사면 돼요.
④ 우체국이 저기에 있으니까 거기에서 편지를 부치면 돼요.

04.
① 선생님은 바쁘신 것 같네요.
② 감기에 걸린 것 같네요.
③ 이 꽃은 마치 진짜인 것 같네요.
④ 도쿄의 겨울은 서울보다 춥지 않은 것 같네요.

PART 03

01.
① 몸 상태가 안 좋은데요.
② 운동은 서투른데요.
③ 지갑을 잃어버렸는데요.
④ 이제 시간이 없는데요.

02.
① 비가 내린 것 같습니다.
② 그는 집에 없는 것 같습니다.
③ 오가와 씨의 이야기는 진짜 같습니다.
④ 지금부터 수업이 시작되는 것 같습니다.

03.

① CD 포함해서 890엔입니다.
② 욕실 포함해서 16000엔입니다.
③ 부록 포함해서 2400엔입니다.
④ 석식 포함해서 28000엔입니다.

04.

① 자, 들어오세요.
② 안부 전해 주세요.
③ 몸조심하세요.
④ 이쪽 의자에 앉으세요.

01.

① 빨리 가야지.
② 다이어트를 해야지.
③ 일본어 공부를 해야지.
④ 더 예뻐져야지.

02.

① 다나카 씨가 입원했대.
② 야마다 씨가 결혼한대.
③ 그녀는 매우 예쁘대.
④ 새로운 라면 가게가 생겼대.

03.

① 나는 생맥주로 할래.
② 나는 이 빨간 신발로 할래.
③ 나는 돈가스 정식으로 할래.
④ 나는 저 검은 가방으로 할래.

04.

① 걱정하지 말아 주세요.
② 술을 마시지 말아 주세요.
③ 여기서 담배를 피우지 말아 주세요.
④ 단것을 많이 먹지 말아 주세요.

01.

① 이 컵은 튼튼할 것 같은데.
② 이제부터 추워질 것 같은데.
③ 그녀는 머리가 좋은 것 같은데.
④ 다나카 씨는 슬퍼 보이는데.

02.

① 문제가 너무 간단하지 않아?
② 방이 너무 좁지 않아?
③ 스웨터가 너무 크지 않아?
④ 커피에 설탕을 너무 많이 넣는 것 아냐?

03.

① 수험(시험)에 떨어져 버렸고.
② 그녀와는 헤어져 버렸고.
③ 입장 시간이 지나 버렸고.
④ 용돈을 전부 써 버렸고.

04.

① 내일 테스트니까 공부해야 되겠네.
② 급한 용무가 생겼으니까 빨리 가야 되겠네.
③ 몸이 약해졌으니까 운동해야 되겠네.
④ 감기에 걸렸으니까 약을 먹어야 되겠네.

01.

① 남편과 이혼하게 되었습니다.
② 친구와 함께 살게 되었습니다.
③ 후쿠오카 지점으로 전근하게 되었습니다.
④ 미국으로 유학하게 되었습니다.

02.

① 이탈리아에 간 적 있어?

② 맞선 본 적 있어?
③ 전에 다나카 씨를 만난 적 있어?
④ 외국인과 사귄 적 있어?

03.
① 회사를 쉴지 어떨지….
② 잔업을 할지 어떨지….
③ 좋아하는 사람에게 고백을 할지 어떨지….
④ 스피치 콘테스트에 나갈지 어떨지….

04.
① 20대 때 결혼하고 싶어.
② 밝은 동안에 돌아가야지.
③ 젊을 때 돈을 모으자.
④ 자고 있는 동안에 지진이 일어난 것 같아.

PART 07

01.
① 예약을 하려면 예약금이 필요합니다만.
② 반품하려면 영수증이 필요합니다만.
③ 가부키를 보려면 티켓이 필요합니다만.
④ 비자를 갱신하려면 여권이 필요합니다만.

02.
① 지금부터 외출해야 됩니다.
② 시험 공부를 해야 됩니다.
③ 공항에 친구를 마중하러 가야 됩니다.
④ 내일까지 리포트를 써야 됩니다.

03.
① 버튼을 눌렀는데도 커피가 나오지 않아요.
② 약을 먹고 있는데도 감기가 잘 낫지 않아요.
③ 30분이나 기다리고 있는데도 택시가 오지 않아요.
④ 스위치를 넣었는데도 컴퓨터가 작동하지 않아요.

04.
① 매일 운동하도록 해 주세요.
② 단것을 먹지 않도록 해 주세요.
③ 회의 시간에 늦지 않도록 해 주세요.
④ 절대로 여권을 잃어버리지 않도록 해 주세요.

PART 08

01.
① 여행이라도 가려고 하는데.
② 가족과 식사하려고 하는데.
③ 집을 대청소하려고 하는데.
④ 도서관에서 공부하려고 하는데.

02.
① 신기 쉬운 신발을 찾고 있어요.
② 마시기 쉬운 와인을 찾고 있어요.
③ 사용하기 쉬운 컴퓨터를 찾고 있어요.
④ 알기 쉬운 영어 소설을 찾고 있어요.

03.
① 싸구려 같아서 싫어.
② 쉽게 화를 내서 싫어.
③ 아이 같아서 싫어.
④ 아줌마 같아서 싫어.

04.
① 비 때문에 빨래가 잘 안 마를 것 같아.
② 올해 감기는 잘 안 나을 것 같아.
③ 이 길은 운전하기 어려울 것 같아.
④ 12월은 휴가를 얻기 어려울 것 같아.

01.

① 최근에는 귀여운 느낌이 유행이에요.
② 최근에는 산뜻한 느낌이 유행이에요.
③ 최근에는 둥글게 말린 느낌(웨이브)이 유행이에요.
④ 최근에는 차분한 느낌이 유행이에요.

02.

① 이 회사에 들어온 지 얼마 안 돼서요.
② 지난달에 막 수업이 시작돼서요.
③ 운전면허를 딴 지 얼마 안 돼서요.
④ 새로운 일을 시작한 지 얼마 안 돼서요.

03.

① 빚을 지지 않아도 되니까 권해 드려요.
② 실패하지 않아도 되니까 권해 드려요.
③ 수술하지 않아도 되니까 권해 드려요.
④ 생선을 태우지 않아도 되니까 권해 드려요.

04.

① 조금 작게 썰어 주세요.
② 조금 일찍 모여 주세요.
③ 조금 쉽게 가르쳐 주세요.
④ 조금 연하게 데쳐 주세요.

01.

① 달력은 벽에 붙여져 있으니까.
② 가위는 서랍에 넣어져 있으니까.
③ 접시는 테이블에 진열돼 있으니까.
④ 그림은 액자에 넣어져 있으니까.

02.

① 이 영화는 꽤 재미있는 모양인데.
② 어제 여기서 콘서트가 있었던 모양인데.
③ 도쿄는 별로 눈이 내리지 않는 모양인데.
④ 홋카이도는 일본에서 가장 추운 모양인데.

03.

① 밤에 추워질지도 모르겠네.
② 차를 세울 데가 없을지도 모르겠네.
③ 이 시간은 길이 막힐지도 모르겠네.
④ 어쩌면 시간에 대지 못할지도 모르겠네.

04.

① 술은 오래되면 오래될수록 비싸지니까.
② 소고기는 씹으면 씹을수록 맛있어지니까.
③ 컴퓨터는 쓰면 쓸수록 능숙해지니까.
④ 휴대폰은 익숙해지면 익숙해질수록 편해지니까.

01.

① 오늘 파티에는 가지 않기로 했는데.
② 그와 성격이 맞지 않으니까 헤어지기로 했는데.
③ 예뻐지고 싶으니까 다이어트하기로 했는데.
④ 일본에 유학할 예정이니까 일본어를 배우기로 했는데.

02.

① 저분은 야마다 씨였나?
② 김 씨의 생일은 금요일이었나?
③ 호텔 숙박은 조식 포함 아니었나?
④ 오늘 미팅은 10시부터였나요?

03.

① 그녀와 약속했으니까 가지 않을 수는 없고.
② 부모님의 기대가 크니까 응시하지 않을 수 없고.
③ 내일, 일본어 시험이 있으니까 잘 수는 없고.
④ 아직 대출금이 남아 있으니까 이사할 수는 없고.

04.

① 이 약은 식전에 먹게 되어 있습니다.
② 두 번의 주의로 퇴장하게 되어 있습니다.
③ 회사를 쉴 때는 반드시 전화하게 되어 있습니다.
④ 일본 장례식에서는 검은 옷을 입게 되어 있습니다.

01.

① 이 샐러드는 어떻게 만드나요?
② ATM은 어떻게 사용하나요?
③ 운전면허는 어떻게 따나요?
④ 비자는 어떻게 갱신하나요?

02.

① 오늘은 시간이 없는데요, 내일이라도 상관없나요?
② 이 빨간 신발은 지금 품절인데요, 검은 신발이라도 상관없나요?
③ 휴대폰은 가지고 있지 않은데요, 집 전화번호라도 상관없나요?
④ 김 씨는 오늘 회사를 쉽니다만, 대신에 다나카 씨라도 상관없나요?

03.

① 자료를 읽어 두면 편하실 것 같은데요.
② 자기소개서를 써 두면 편하실 것 같은데요.
③ 호텔 예약을 해 두면 편하실 것 같은데요.
④ 단축키를 외워 두면 편하실 것 같은데요.

04.

① ブス는 별로 매력이 없는 여자 아이를 말합니다.
② プータロー는 일을 하지 않고 빈둥빈둥하고 있는 사람을 말합니다.
③ フリーター는 취직하지 않고 아르바이트만 하는 사람을 말합니다.
④ オタク는 집에만 틀어박혀 흥미 분야에만 푹 빠져 있는 사람을 말합니다.

01.

① 긴장한 기색인 것 같은데.
② 설사기인 것 같은데.
③ 피곤한 기색인 것 같은데.
④ 성적이 떨어지는 기미인 것 같은데.

02.

① 집까지 바래다 줄까?
② 차에 태워다 줄까?
③ 짐을 들고 가 줄까?
④ 선물을 사 가지고 갈까?

03.

① 아직 독신이라고 해서 결혼하고 싶지 않은 건 아니니까요.
② 유학했다고 해서 모두 영어를 잘하는 건 아니니까요.
③ 유행하고 있다고 해서 모두가 알고 있는 건 아니니까요.
④ 시험에 떨어졌다고 해서 열심히 공부하지 않은 건 아니니까요.

04.

① 전등을 켜 둔 채로 잤어요.
② 이불을 펼쳐 둔 채로 외출했어요.
③ 수돗물을 틀어 둔 채로 텔레비전을 봤어요.
④ 에어컨을 계속 틀어 놓아서 감기에 걸렸어요.

01.

① 일본어를 배우고 싶은데요.
② 가부키를 보고 싶은데요.
③ 컴퓨터를 사고 싶은데요.

④ 공항에 친구를 마중하러 가고 싶은데요.

02.

① 다음 달까지 퇴원할 수 있도록 하고 싶은데요.
② 내일까지 일이 끝나도록 하고 싶은데요.
③ 내년까지 히라가나를 읽을 수 있도록 하고 싶은데요.
④ 다음 주까지 리포트가 마무리되도록 하고 싶은데요.

03.

① 스키장이라면 홋카이도가 좋습니다.
② 영어 회화 교실이라면 노바가 좋습니다.
③ 빵집이라면 야마다 빵집이 좋습니다.
④ 꽃꽂이라면 다나카 꽃꽂이 교실이 좋습니다.

04.

① 신청이 거절되었는지 확인할 수 있나요?
② 전시회가 열렸는지 확인할 수 있나요?
③ 도둑이 붙잡혔는지 확인할 수 있나요?
④ 팩스가 보내졌는지 확인할 수 있나요?

01.

① 이전에 그녀와 만났던 것 같은 기분이 드는데.
② 선생님은 홋카이도 출신이었던 같은 기분이 드는데.
③ 사내 운동회는 수요일이었던 것 같은 기분이 드는데.
④ 무언가 중요한 일을 잊은 것 같은 기분이 드는데.

02.

① 의사에게 들은 대로 이를 닦는 편이 좋을 거야.
② 설명서에 쓰여 있는 대로 약을 먹으면 금방 나을 거야.
③ 텔레비전 요리 프로그램에서 본 대로 만들면 실패하지 않을 거야.
④ 일본어 학교에서 배운 대로 일본어로 이야기해 보면 좋을 거야.

03.

① 도쿄만큼 물가가 높은 도시는 없으니까요.
② 좋아하는 일을 할 수 있는 것만큼 행복한 일은 없으니까요.
③ 연인과 해외여행을 하는 것만큼 즐거운 일은 없으니까요.
④ 어머니가 만들어 준 김치찌개만큼 맛있는 것은 없으니까요.

04.

① 이 약만 먹으면 금방 낫는다.
② 당신만 좋으면 나도 같이 가고 싶다.
③ 회사만 가면 급여를 받을 수 있는 것은 아니다.
④ 열만 내리면 앞으로는 괜찮다.

01.

① 휴일일 테니까 나중에 가 보자.
② 영어를 잘할 테니까 그에게 물어보자.
③ 면접 결과가 나와 있을 테니까 확인해 보자.
④ 야마다 씨는 오지 않을 테니까 다음에 연락해 보자.

02.

① 시합에 나가는 이상 이겨야지.
② 일본에 가는 이상 초밥을 먹어야지.
③ 이렇게 된 이상 마지막까지 완수해야지.
④ 기숙사에 들어간 이상 규칙을 잘 지켜야지.

03.

① 다 읽으면 새로운 소설을 사러 가자.
② 세탁을 다 하면 빨래를 말리러 가자.

③ 리포트를 다 쓰면 제출하러 가자.
④ 렌털 비디오를 다 보면 반환(반납)하러 가자.

04.
① 꿈 같은 일이 일어날 것 같아.
② 예상했던 것 같은 결과가 나올 것 같아.
③ 몸이 떨릴 만한 경험을 할 수 있을 것 같아.
④ 기대했던 것 같은 점수를 딸 수 있을 것 같아.

PART 17

01.
① 모처럼의 데이트니까 영화를 보러 가지 않으면 손해야.
② 모처럼 휴가를 얻었으니까 멀리 나가지 않으면 손해야.
③ 모처럼 일본 요리를 만들었으니까 먹어 보지 않으면 손해야.
④ 모처럼 미국에 가니까 뉴욕에 가 보지 않으면 손해야.

02.
① 현금으로 샀으면 좋았을 텐데.
② 우산을 가지고 왔으면 좋았을 텐데.
③ 미리 말해 주었으면 좋았을 텐데.
④ 그에게 좀 더 친절하게 해 주었으면 좋았을 텐데.

03.
① 상상하는 것만으로 즐거워져.
② 옆에 있어 주는 것만으로 행복해져.
③ 된장국과 낫토만으로 충분해.
④ 책을 읽고 있는 것만으로 공부가 돼.

04.
① 왜냐면 밖은 너무 추운걸.
② 왜냐면 지금 길이 굉장히 막혀 있는걸.
③ 왜냐면 이 드라마 재미있는걸.
④ 왜냐면 오늘은 집에서 빈둥거리고 싶은걸.

PART 18

01.
① 사이 좋은 두 사람이 헤어졌다니.
② 그가 이렇게 약속을 안 지키는 사람이라니.
③ 그 건강한 야마다 씨가 돌아가셨다니.
④ 골초인 그가 담배를 끊었다니.

02.
① 음식 재료를 한 번에 다 못 쓰겠지?
② 짐이 가방에 다 안 들어가겠지?
③ 얼굴의 기미는 화장으로 다 못 가리겠지?
④ 어려운 단어는 하루에 다 못 외우겠지?

03.
① 손수 만든 거니까 그도 당연히 기뻐하지.
② 열심히 공부했으니까 당연히 시험에 합격하지.
③ 그는 구두쇠니까 당연히 돈을 안 빌려주지.
④ 오늘은 일요일이니까 당연히 약국은 닫혀 있지.

04.
① 역시 예습을 해 두길 잘했어.
② 역시 메모를 해 두길 잘했어.
③ 역시 가게를 예약해 두길 잘했어.
④ 역시 여분의 우산을 가지고 오길 잘했어.

PART 19

01.
① 일본어로 이야기하고 싶어 했지?
② 아까부터 쉬고 싶어 했지?
③ 모두 술을 마시고 싶어 했지?
④ 어딘가에 놀러 가고 싶어 했지?

02.

① 불평만 말하고 있어서.
② 싸움만 하고 있어서.
③ 장난만 치고 있어서.
④ 핸드폰만 만지고 있어서.

03.

① 기름을 넣는 김에 세차도 해 보지 않을래?
② 출장으로 파리에 가는 김에 파리 관광도 해 보지 않을래?
③ 블라우스를 사는 김에 그거에 맞는 스커트도 사 보지 않을래?
④ 본가에 돌아가는 김에 옛날에 다녔던 초등학교에도 가 보지 않을래?

04.

① 땀투성이라고 하던데요.
② 진흙투성이라고 하던데요.
③ 쓰레기투성이라고 하던데요.
④ 실수투성이라고 하던데요.

PART 20

01.

① 가격에 비해서는 맛이 조금 부족한 것 같아.
② 나이에 비해서는 착실한 것 같아.
③ 모델치고는 별로 마르지 않은 것 같아.
④ 키가 작은 것치고는 점프력이 있는 것 같아.

02.

① 상황을 알게 되는 대로 연락할게.
② 비가 그치는 대로 출발할게.
③ 메일이 도착하는 대로 답장 보낼게.
④ 수업이 끝나는 대로 집에 돌아갈게.

03.

① 수업 중에는 한국어를 쓰지 마.
② 나를 뚱뚱보라고 부르지 마.
③ 그 같은 남자와 사귀지 마.
④ 하루에 한 시간 이상 텔레비전을 보지 마.

04.

① 100점을 얻을 수 있을 리가 없잖아.
② 그와 헤어질 리가 없잖아.
③ 당신을 싫어할 리가 없잖아.
④ 복권에 당첨될 리가 없잖아.

한눈에 보는 핵심문형 색인(50음도순)

외국어 출판 40년의 신뢰
외국어 전문 출판 그룹
동양북스가 만드는 책은 다릅니다.

40년의 쉼 없는 노력과 도전으로 책 만들기에 최선을 다해온 동양북스는
오늘도 미래의 가치에 투자하고 있습니다.
대한민국의 내일을 생각하는 도전 정신과 믿음으로 최선을 다하겠습니다.

동양북스

동양북스 추천 교재

일본어 교재의 최강자, 동양북스 추천 교재

회화 코스북

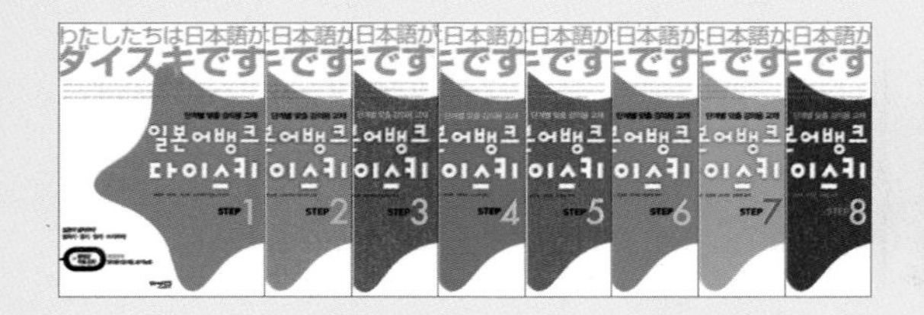

일본어뱅크 다이스키
STEP 1·2·3·4·5·6·7·8

일본어뱅크
New 스타일 일본어 회화
1·2·3

일본어뱅크 도모다찌
STEP 1·2·3

분야서

일본어뱅크
NEW 스타일 일본어 문법

일본어뱅크
일본어 작문 초급

일본어뱅크
사진과 함께하는
일본 문화

일본어뱅크
항공 서비스 일본어

가장 쉬운 독학
일본어 현지회화

수험서

일취월장 JPT
독해 · 청해

일취월장 JPT
실전 모의고사 500 · 700

新일본어능력시험
실전적중 문제집 문자 · 어휘 N1 · N2
실전적중 문제집 문법 N1 · N2

新일본어능력시험
실전적중 문제집 독해 N1 · N2
실전적중 문제집 청해 N1 · N2

단어 · 한자

新버전업
일본어 한자 암기박사

일본어 상용한자 2136
이거 하나면 끝!

일본어뱅크
New 스타일 일본어 한자 1 · 2

가장 쉬운 독학
일본어 단어장

중국어 교재의 최강자, 동양북스 추천 교재

중국어뱅크 북경대학 한어구어
1·2·3·4·5·6

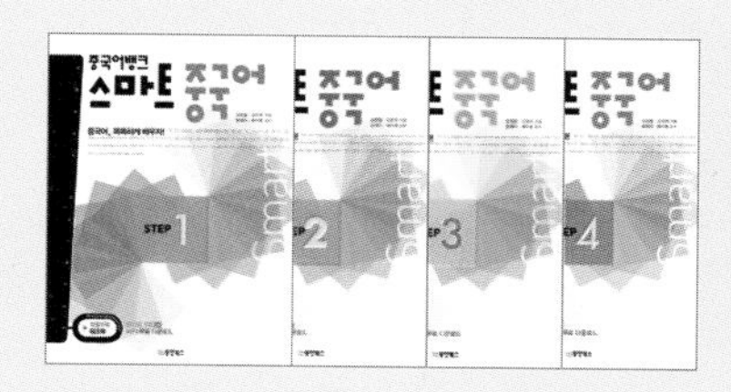

중국어뱅크 스마트중국어
STEP 1·2·3·4

중국어뱅크 뉴스타일중국어
STEP 1·2

중국어뱅크
문화중국어 1·2

중국어뱅크
관광 중국어 1·2

중국어뱅크
여행 중국어

중국어뱅크
호텔 중국어

중국어뱅크
판매 중국어

중국어뱅크
항공 서비스 중국어

중국어뱅크
의료관광 중국어

정반합 新HSK
1급·2급·3급·4급·5급·6급

버전업! 新HSK 한 권이면 끝
3급·4급·5급·6급

버전업! 新HSK VOCA 5급·6급

가장 쉬운 독학 중국어 단어장

중국어뱅크
중국어 간체자 1000

新버전업
중국어 한자 암기박사

동양북스 추천 교재

기타외국어 교재의 최강자, 동양북스 추천 교재

중고급 학습

첫걸음 끝내고 보는
프랑스어
중고급의 모든 것

첫걸음 끝내고 보는
스페인어
중고급의 모든 것

첫걸음 끝내고 보는
독일어
중고급의 모든 것

첫걸음 끝내고 보는
태국어
중고급의 모든 것

단어장

버전업! 가장 쉬운
프랑스어 단어장

버전업! 가장 쉬운
스페인어 단어장

버전업! 가장 쉬운
독일어 단어장

여행 회화

NEW 후다닥
여행 중국어

NEW 후다닥
여행 일본어

NEW 후다닥
여행 영어

NEW 후다닥
여행 독일어

NEW 후다닥
여행 프랑스어

NEW 후다닥
여행 스페인어

NEW 후다닥
여행 베트남어

NEW 후다닥
여행 태국어

수험서·교재

한 권으로 끝내는 DELE
어휘·쓰기·관용구편 (B2~C1)

수능 기초 베트남어
한 권이면 끝!

버전업! 스마트 프랑스어